Note Book II

good ideas for
easy wrapping

이 책을 만든 곳은요...

이번 선물포장 NOTE BOOK을 만든 (사)한국선물포장디자이너협회는 우리나라의 전통포장 문화를 바탕으로 세계 각국의 선물포장기술 및 기능을 도입하여 창의적인 선물포장분야로 개발 발전시키는 한편, 선물포장 기능인의 양성 및 기능인의 새로운 직업 분야에 대한 가치관을 정립하기 위하여 2000년 2월 노동부로부터 정식인가를 받아 설립된 곳입니다.

(사)한국선물포장디자이너협회에서는 전통 포장 문화의 기술 및 기능발굴과 신포장법을 연구하고 개발하는 것은 물론 세계 각국의 선물포장기술 및 기능에 관하여 조사 연구하고 있어요. 매년 선물포장 디자이너를 양성하고 있는 협회에서는 디자이너들을 지원하는 것은 물론 선물포장 기능인의 직업을 개발하여 알선하기도 합니다.

또 이곳에선 선물포장 기능인을 위해 선물포장에 관한 도서발간을 비롯해 세미나, 공개강습회, 전시회, 우수기능인 선발대회 등을 개최하여 선물 포장에 관한 홍보에 노력하고 있습니다.

현재 (사)선물포장디자이너협회에서는 선물을 포장하는 기초포장은 물론 기초 포장을 응용하여 포장할 수 있는 상급 과정 그리고 포장이론과 교육을 위한 지도자 과정을 전국어디에서나 정식으로 교육받을 수 있으니 간단한 선물 포장에서부터 정식 포장디자이너가 되기를 희망하는 분까지 포장에 관한 것이 라면 한번쯤 이 곳에 들려 보는 것도 좋습니다.

선물포장 기능 시험 안내

포장기능에 대한 지식과 기술을 일정한 기준에 의하여 평가하고 기능의 사회적인 가치를 공인하여 직업적 보장에 기여하도록 하고 우리나라의 포장 기능에 대한 체계적인 정립을 위하여 다음과 같은 기능시험을 실시합니다.

◆ **기능 급수**
  2급 기능사, 1급 기능사, 지도사

◆ **시험 과목**
  필기시험 : 포장 전반에 관계되는 일반 상식 및 전문적인 지식
  실기시험 : 2급 기능사 – 기초적인 각 형태별 포장법
  　　　　　1급 기능사 – 형태별 변형 포장법 및 상자 제작
  　　　　　지도사 – 각 부분의 응용력 및 전문 포장법

◆ **응시 자격**
  2급 기능사 : 협회가 인정할 수 있는 교육기관에서 45단위 이상을 수료한 자로서 기초 능력을 소지한 자
  1급 기능사 : 협회가 인정할 수 있는 교육기관에서 90단위 이상을 수료한 자로서 2급 기능을 인정받은 자
  지 도 사 : 1급 기능을 소지한 자로 전문 포장 교육과정을 이수한 자

◆ **합 격 자**
  학과 수험 및 실기시 성적이 60점 이상으로 합격을 인정하여 통보하며, 한글 및 영문의 자격 증서를 발부한다.

◆ **일 시** : 매년 5월, 11월 예정

◆ **신청 서류**
  1 신청서(협회의 소정 양식)
  2 반명함판 사진 2매
  3 응시료

◆ **접수 장소 및 문의처**
  서울시 서초구 잠원동 75-19 반포쇼핑타운 3동 404호
  (사)한국선물포장디자이너협회 사무국
  TEL : (02)591-1799 FAX : (02)533-5089
  홈페이지 : www.krgift.co.kr

introduction

선물과 어울리는 포장지로 직접 모양을 내어 선물해 보세요.

* 다양하게 이용할 수 있는 포장법들을 소개했어요.

선물을 준비하는 목적에 따라 간단한 센스만 있다면 훨씬 보기 좋은 선물포장을 완성할 수 있답니다. 여기에서는 계절별, 시기별, 그리고 선물의 형태에 따라 각각 어울릴 수 있는 포장법을 꼼꼼하게 체크하여 상세하게 만들었습니다. 선물을 준비할 때마다 한번 씩 떠올리고 직접 따라서 포장해 보세요.

* 모든 과정에 일러스트가 첨부되어 포장이 쉬워졌어요.

가끔 너무 잘 어울리는 포장지에 깔끔한 포장법이 부러우셨다구요? 그건 포장하기 전 미리 계산해 놓은 포장지 탓일 거예요. 작은 센스지만 조금만 연구하면 전혀 다른 모양으로 선물을 포장해 볼 수 있답니다. 여기에서는 일러스트로 포장지를 재단하는 방법에서 만드는 과정까지 꼼꼼하게 삽입했습니다. 적절한 포장법을 선별하여 한 번 포장해 보세요.
기존 포장과는 다른 감각의 선물 포장이 받는 사람을 더욱 즐겁게 할 것입니다.

* 내용은 선물포장 기능시험에 기초를 둔 것입니다.

여기에 수록된 모든 내용은 선물포장디자이너협회에서 주관하는 기능사 시험에 맞는 교과과정으로 편성 되었습니다. 책으로도 열심히 공부하여 평소에 관심은 있었으나 시간이 없어 망설였던 선물포장 기능 시험에 도전해 보세요. 여러모로 이용될 수 있는 곳이 많아질 거예요.

* 기초에서부터 응용까지 다양한 내용을 실었습니다.

포장 박스나 선물의 형태에 따라 포장 방법은 여러 가지로 달라질 수 있답니다. 그런 변화에 따라 한 가지의 형태를 띄지 않고 여러 가지 방법으로 포장법을 제시하여 실었습니다.
다양한 포장법을 여러 각도로 응용해서도 포장해 보세요.

* 만드는 과정에 포인트를 삽입하여 꼭 필요한 사항을 적었습니다.

사진으로만 봐서는 만드는 방법이 어렵다구요? 제작하기 힘들어하는 분들을 위해 일러스트 이외에 내용을 첨부하였습니다. 포인트는 선물 포장시 꼭 주의해야 할 사항들을 적었으니 꼼꼼하게 체크해 봐주세요.

* Part 별로 내용을 체크하여 궁금해 할 것 같은 이론들을 삽입했습니다.

선물포장에서 기초적으로 알아두어야 할 사항과 궁금해 할 이론들을 Part별로 뒷 페이지에 내용을 더욱 상세하게 삽입하였습니다.

Preface

환하게 열린 새해 아침을 맞이하며 밝은 희망을 보았습니다.
서로의 얼굴을 맞대면 여유로워진 넉넉함을 느낄 수 있었습니다.
협회의 가족들도 늘어나 더욱 풍요로운 마음입니다.

선물포장 노트북은 큰 호응을 얻어 재판을 주문해 놓은 시점에서 계획했
던 제2권이 다시 여러분들 앞에 얼굴을 보일 수 있게 되었습니다.
한 권의 책을 다시 만들어 낸다는 것,
그것도 많은 분들의 기다림 속에서 기대에 어긋나지 않는 책이 나와야
한다는 것은 큰 産苦를 치러야 한다는 두려움이 있었습니다.
그러나 주변의 여러분들의 격려와 노력의 결실로 독자들 앞에 당당하게
내놓을 수 있는 훌륭한 책이 만들어졌습니다.
새로운 발상과 트랜드에 앞장선 칼라의 감각과 아이디어를 보여주면서
기초적인 내용이 한층 자세히 보강 되었습니다.

생활아트로서 자리매김을 하고 있는 선물포장이
더욱 우리에게 가깝게 다가올 수 있는 기회가 되었으면 하는 바램으로
여러분들 앞에 감히 이책을 디밀어 드립니다.
일상에서, 혹은 특별한 날에 펼쳐 주십시오

책이 나오기까지 수고해주신 분들께 지면을 통하여 감사를 드립니다.

127

78

88

148

저자　　김명숙, 김동희, 박임순, 김순애, 남영숙, 손영란

기획 / 진행　　김미훈

사진　　　박준영

일러스트　　김영주

소품 협조 : (주)해피랜드(02- 3282-5700)
발행한 곳 : 도서출판 함디자인 (제22-1880호, 2002년 06월 04일)
전화 번호 : (사)한국선물포장디자이너협회 (대표) 02-591-1799
홈 페이지 : www.krgift.co.kr
제1판 1쇄 발행 ｜ 2002년 2월 10일
제1판 3쇄 발행 ｜ 2008년 7월 03일

본 책자에 수록된 모든 내용은 저자권자와 협의없이 복제 또는 전제될 수 없다.
copyright ⓒ (사)한국선물포장디자이너협회 2004
ISBN 978-89-953526-4-9

Contents

part 1
12 Basic wrapping
   기본 박스형의 포장

   14 사각상자포장 / 24 원형상자 포장 / 32 다각상자 포장

part 2
38 Variation wrapping
   케이스 없는 부정형태의 포장

   40 병 포장 / 46 납작 상자 포장 / 54 필로우 상자 만들기
   60 쇼핑백 만들기

part 3
60 Making box
   다양한 형태의 상자 만들기

   64 삼각 상자 / 65 사각 상자 / 66 오각 상자 / 67 육각 상자
   68 다양한 형태의 상자 만들기

part 4
76 A seasonal variation
   계절감이 돋보이는 시즌별 포장법

   78 발렌타인 데이 포장 / 82 어린이날 포장 / 86 어버이날 포장
   90 추석 선물 포장 / 94 크리스마스 포장 / 98 웨딩 선물 포장
   102 포장지에 관하여 / 104 만드는 방법

part 5
108 Wrapping for the life style
   다양한 스타일이 돋보이는 선물 포장

   110 꽃&화분 포장 / 114 식기 포장 / 118 과일 포장
   120 데코박스 / 122 목욕용품 포장 / 126 의류 포장
   129 인형 포장 / 132 포장의 색상에 관하여 / 134 만드는 방법

part 6
138 Handmade accessories
   내 손으로 만든 액세서리

   140 택 / 142 타슬 / 144 카드 / 146 헤어핀 / 148 헤어밴드
   150 코사지 / 154 리본에 관하여 / 156 만드는 방법

140

91   116

60

Part 1
Basic wrapping

기본 박스의 포장

간단한 아이디어와 정성으로 여러 사람을 기쁘게 할 수 있는 방법.
예쁜 포장지만 있다면 어떤 모양이든 좀더 깔끔하고 산뜻하게 변화시킬 수 있다.
작은 소품 하나 하나를 개성있고 색다르게 연출시킬 수 있는 것!
바로 선물포장의 매력이다.
사각, 원형 그리고 다양한 모양으로 일정한 형태를 이룬 상자를 세련되게 포장하는 법. 이채롭고 다양하며 새로운 디자인이 가득하며, 쉽게 포장할 수 있는 기본 포장법들을 소개한다.

사각 상자 포장 / 원형 상자 포장 / 다각 상자들의 포장

Square

깔끔함이 돋보이는 사각상자! 무엇보다 포장하기 간편하고 포장을 한 후 심플한 것이 깨끗하게 느껴져 보기에 가장 편안한 포장법이다. 사각의 형태를 그대로 살려 포장 한다면 원하는 디자인을 자유자재로 마음껏 바꿀 수 있어 다양한 스타일을 만들어 가는 포장법.

1 caramel style
단정한 **카라멜식 포장**

2 square style
조림성 있는 물건을 위한 **보자기식 포장**

3 diagonal style
다양한 형태의 **회전식 포장**

4 pleats style
화려한 **주름장식 포장**

caramel style

선물포장하면 일반적으로 가장 먼저 떠오르는 것이 카라멜 포장이다. 모양이 단정하고 심플한 것이 특징인 카라멜 포장은 종이를 직선 방향으로 놓고 포장하고 마무리가 상자 밑면 중심부에 위치한다.

포장지·재·단·방·법

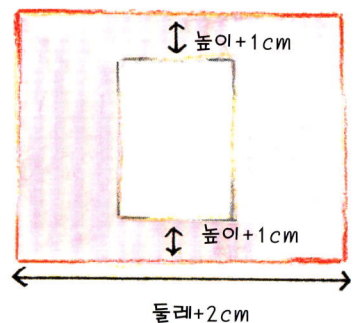

높이+1cm

높이+1cm

둘레+2cm

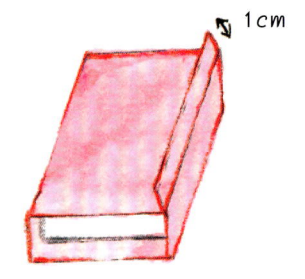

1cm

카라멜 포장의 다양한 형태

- 카라멜 포장은 상자의 높이에 따라 포장을 달리 할 수 있다.
* 얇은 상자(3cm 전후 기준의 상자) – 두께가 얇은 상자는 마감선이 상자 높이의 중앙에 놓이는 것보다는 마무리 선 쪽으로 아래 모서리까지 덮어서 포장하는 것이 좋다.
* 중간 상자(5cm 전후 기준의 상자) – 두께가 있는 상자는 마감선이 상자 높이의 시접 부분에 놓여도 되고, 높이의 중간에 마무리해도 된다.
* 높은 상자(7cm 이상의 상자) – 마감선이 반드시 상자 높이의 1/2 지점인 중간에 위치하여야 한다.

- 역카라멜이란?
역카라멜이란 심플한 카라멜과는 만드는 방법과 마감선이 놓이는 모양이 다르다. 대부분의 카라멜 포장은 상자의 뒷면(아랫면)에 마감선이 위치한다. 그러나 역카라멜 포장에서는 마감선의 디자인이 상자의 윗면에 오도록 하는 방법을 말한다. 이때 주름을 잡아 마감선을 보이지 않게 하거나, 접기, 끼워넣기 등의 다양한 디자인을 구사할 수 있다.

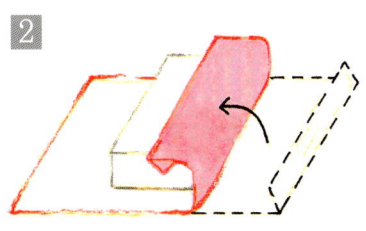

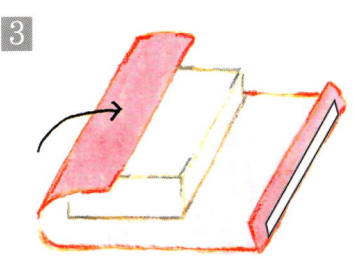

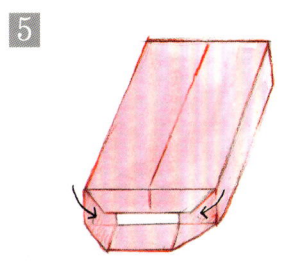

h·o·w·t·o

1 재단한 포장지 위에 상자를 올려놓은 다음 상자 둘레의 한 쪽 부분에 시접을 약 1cm 정도 접고 그 위에 양면 테잎을 상자 길이 만큼 붙여준다.

2 폭의 중심을 확인 한다.

3 시접이 겹쳐질 반대편 종이로 덮어 준다.

4 마감선이 있는 부분이 위쪽에 놓이도록 하고 상자의 중앙에 놓일 수 있게하여 양면 테잎으로 고정한다.

5 상자의 높이 부분을 포장하되 양쪽이 같은 모양과 사이즈로 포장하는 것이 좋다.

6 마감선이 있는 쪽을 내리고 상자의 겉면이 되는 쪽을 맨 나중에 접어 올린다.

7 상자의 윗면이 되는 부분을 포장하되 모든 시접이 한 곳에서 만날 수 있도록 한다.

8 양끝이 Y자 모양이 되도록 만든다.

9 시접이 남은 부분은 안쪽으로 접어 넣는다.

10 양면테잎으로 깨끗이 마무리 한다.

Point

√ 하나
상자를 높이 부분에서 마감할 때 양쪽 시접 부분을 먼저 포장해 주어야 상자가 뒷쪽으로 밀리지 않고 양쪽 면 모두 같은 사이즈로 포장할 수 있는 장점이 있다.

√ 둘
완성된 높이 면은 포장지의 모서리 부분이 그림과 같이 일정하게 배분되어 마무리하는 선이 Y자 모양으로 한점에서 만날 수 있도록 제작되어야 한다.

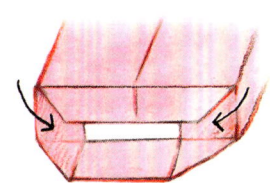

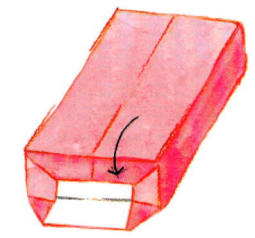

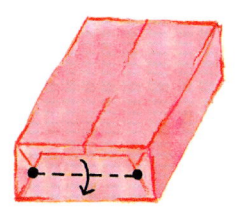

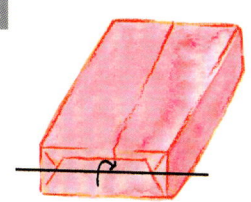

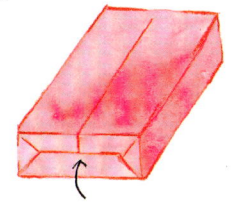

square style

보자기식 포장은 무게가 있는 선물이거나 깨질 염려가 있거나 뒤집혀선 안 되는 물건을 포장할 때 가장 적합한 포장법이다. 종이를 보자기 식으로 싸듯이 윗면에서 포장하는 방법으로 재단된 포장지의 모양이 보자기와 일치하며 정사각형의 상자일 때 가장 잘 어울리는 것이 보자기식 포장이다.
보자기식 포장은 물체를 포장지 위에 보자기를 싸듯이 대각선 방향으로 놓는 것이 특징이다.

포장지·재·단·방·법

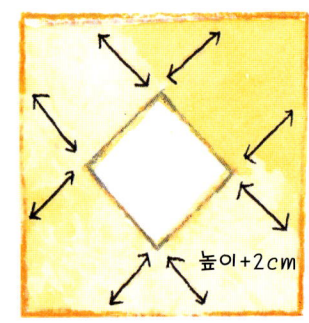

높이+2cm

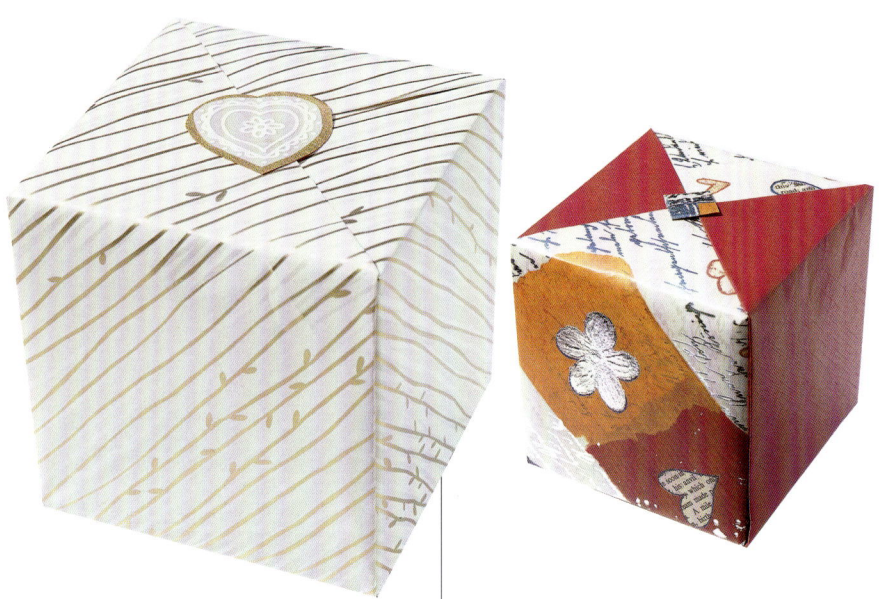

보자기 포장의 다양한 형태

보자기식 포장에서 중요한 것은 상자와 포장지를 단단하게 고정하는 것이다. 첫 번째 시접과 두 번째 시접이 포장지 윗면에서 만날 때 두 번째 시접의 여유분은 첫 번째 시접과 맞물려서 포장한다.

* 보자기식 포장에선 단색으로 포장하는 일반적인 보자기식 포장과 배색이 가능한 모자이크식 포장방법으로 포장할 수 있다.

* 모자이크 식은 보자기식 포장하고는 달리 시접이 모서리마다 있는 것이 특징이다. 포장지를 재단할 때에는 종이를 덧붙이는 시접의 여유분을 두는 것이 중요하다. 이때 사각의 모서리가 맞지 않으면 포장했을 경우 모양이 흐트져 보일 수 있으므로 주의한다.

* 모자이크 식 포장에서 포장하고 싶은 모양으로 상자의 면을 자유롭게 재단하여 붙인 다음 모자이크 모양으로 덧 붙여서 포장할 수도 있다.

h·o·w·t·o

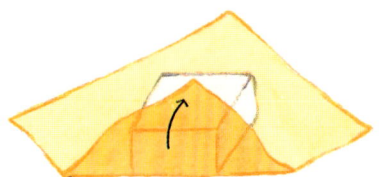

1 마름모꼴의 포장지 위에 상자를 올려 놓고 한쪽 면을 상자위로 접는다.

2 한쪽 방향으로 돌려가면서 포장한다. 이때 포장지가 접히는 옆선이 높이 부분과 일치 하여야 한다.

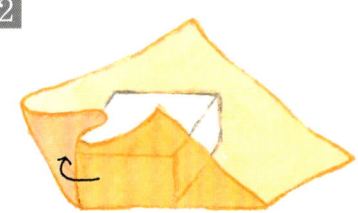

3 옆면을 덮은 포장지가 상자의 윗면에서 꼭지점이 서로 맞닿을 수 있도록 시접을 안쪽으로 접는다.

4 다른 한 면도 동일한 방법으로 포장한다.

5 마무리 면을 위로 올리고 윗면의 형태가 X자가 되도록 시접을 맞춰 접는다.

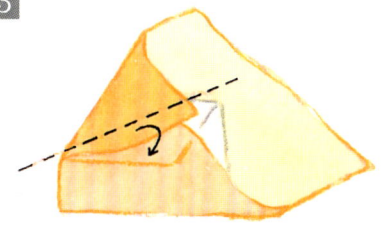

6 마무리 면에 양면 테잎을 붙인다.

7 보자기식 모양으로 포장을 완성한다.

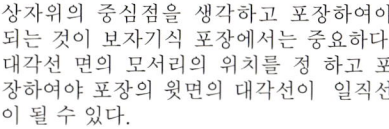

Point !

√ 하나
상자위의 중심점을 생각하고 포장하여야 되는 것이 보자기식 포장에서는 중요하다. 대각선 면의 모서리의 위치를 정 하고 포장하여야 포장의 윗면의 대각선이 일직선이 될 수 있다.

그 선이 일직선이 되기 위해서는 원하는 선을 먼저 접은 다음 그 선을 펴서 다시 안쪽으로 접으면 정확한 직선으로 모양을 낼 수 있다.

√ 둘
상자의 옆면은 포장지의 모서리 부분이 그림과 같이 옆 모서리 선과 일직선이 되도록 포장하여야 포장이 완성되었을 때 보자기식 모양처럼 각 모서리가 한 점에서 만날 수 있도록 포장할 수 있다.

diagonal style

회전식 포장은 종이 위에 상자를 대각선으로 놓고 돌려가면서 포장하는 방법으로 단 한번의 테잎으로 마감을 할 수 있는 포장법이고, 상자의 높이와 모양에 상관없이 포장할 수 있는 방법이다.

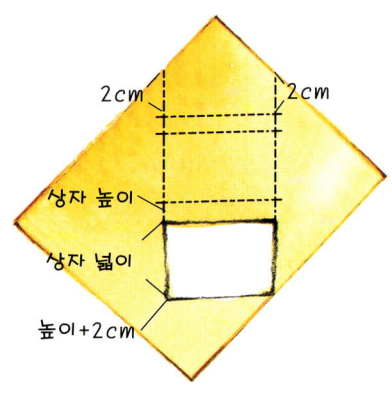

포장지·재·단·방·법

회전식 포장의 다양한 형태

* 회전식 포장을 변형 포장할 경우에는 주름을 넣어서 포장할 수 있다. 변형 포장을 할 때에는 포장지를 제도할 때 시접과 주름을 어떻게 넣을 것인지를 생각한 다음 포장지의 여유분을 두고 포장하는 것이 좋다.

* 포장지는 두꺼운 것보다는 얇은 것이 좋고, 변형으로 포장할 경우에 주름의 모양이 잘 나타나도록 단색을 사용하는 것이 좋다.

* 변형 포장에서 리본을 사용하였을 경우에는 주름부분이 잘 나타날 수 있게 표현하고 접기 전 첫 번째로 올라온 시접의 주름은 상자 폭에 비해서 넓거나 너무 좁지 않게 디자인 한다.

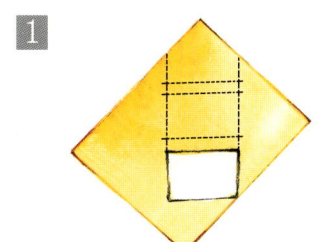

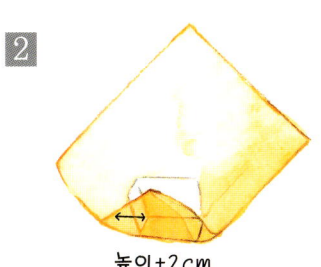

높이+2cm

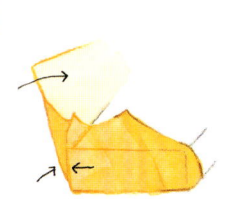

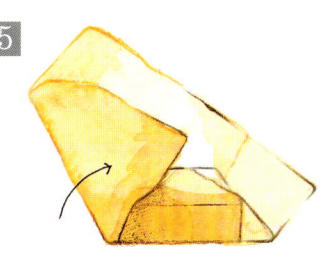

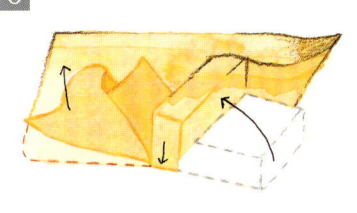

h·o·w·t·o

1 제도를 끝낸 그 지점에서 상자를 바로 놓고 포장을 시작한다.

2 포장지 위에 상자를 올려 았을 때 상자의 왼쪽은 포장지가 높이+2cm의 여유분이 있는 쪽이다.

3 포장지 밑으로 상자의 밑면을 훑어 주면서 포장한다.

4 포장지를 올려 싸면서 상자의 모서리 부분과 포장지가 일직선이 될 수 있도록 한다.

5 포장지가 상자에 밀착 될 수 있도록 포장 해 준다.

6 포장지가 상자의 폭과 일직선이 될 수 있도록 시접을 안쪽으로 접어 조절하면서 싸준다.

7 상자를 팽팽하게 잡아 당겨 포장지에 주름이 생기지 않도록 한다.

8 반대편도 같은 방법으로 포장지가 상자의 폭과 일직선이 되도록 접는다.

9 마무리 시접을 접는다.

10 마무리 시접이 상자의 윗면에 놓였을 때 상자의 양쪽 모자리에서 각각 2cm 정도 떨어 질 수 있도록하고 나머지 부분을 안쪽으로 집어넣어 포장을 마무리 한다.

11 마감선 있는 반대편 즉 상자를 뒤집어서 바로 놓고 리본을 매준다.

Point !

√ 하나
상자를 돌려가면서 포장할 때에는 포장지와 상자가 밀착되도록 단단하게 잡아 당겨 포장해 주는 것이 좋다.

√ 둘
회전식 포장에서는 포장지의 길이를 측정후 상자가 포장지의 끝선과 모서리가 만나는 부분에서 포장을 시작한다.

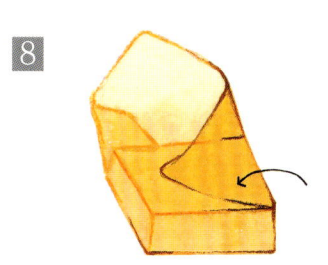

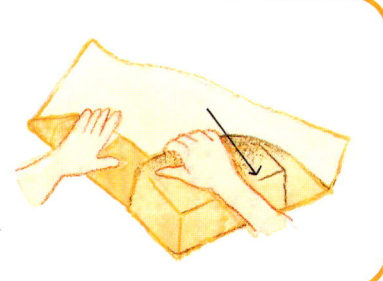

pleats style

주름을 잡아서 포장하는 주름 포장은 공작이 되어 날개를 펴는 모양처럼 화려하고 세련된 포장법이다. 상자의 모양에 상관없이 포장이 가능하며 주름분의 여유에 따라 주름의 수를 변형할 수도 있다.

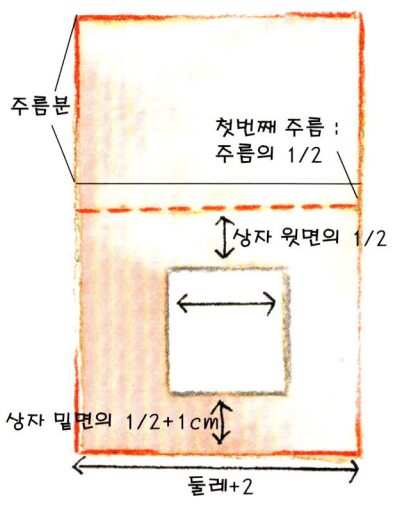

포장지·재·단·방·법

주름분
첫번째 주름 : 주름의 1/2
상자 윗면의 1/2
상자 밑면의 1/2+1cm
둘레+2

부채 장식 포장의 다양한 형태

부채 장식 포장은 주름을 접어서 어떻게 맞물리느냐에 따라 모양을 다르게 할 수 있다.

* 양면 테잎을 이용하여 마주 붙였을 경우에는 일반 부채 장식 포장이 되지만 주름을 잡은 후 중앙 시접 부분을 넓게 벌리고 어슷하게 엇갈려 리본으로 고정하면 부채의 모양을 변형하여 포장을 할 수 있다.

* 부채 장식 포장에서는 주름을 접을 때 위에서 부터 주름을 잡는 것이 아닌 물건이 놓인 곳을 중심으로 안쪽에서 바깥쪽으로 접는다. 그래야만 주름이 전체적으로 일정하게 배열할 수 있으며 종이가 밀리지 않는다.

* 부채 장식 모양을 만들었을 때 주름이 끝나는 방향은 중앙시접이 있는 방향으로 앞면에서 시접의 끝이 보이지 않도록 마무리 하는 것이 좋다.

h·o·w·to

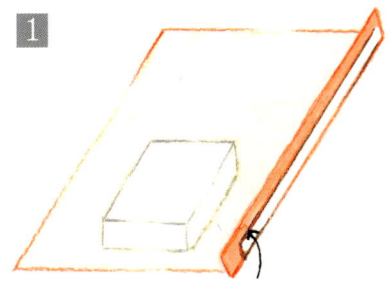

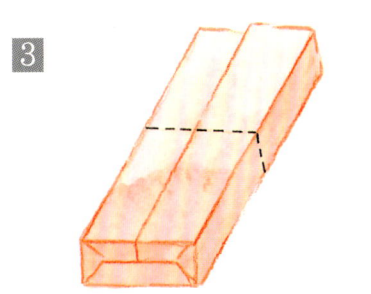

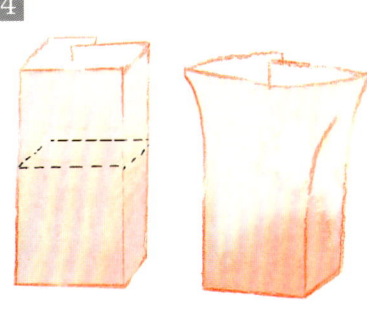

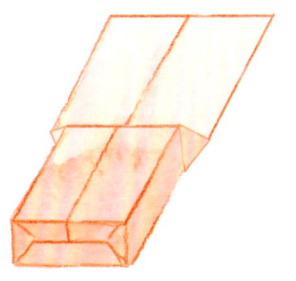

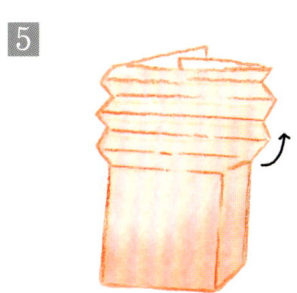

1 재단된 포장지 위에 상자를 올려놓고 폭의 시접을 1cm 정도 접고 양면 테잎을 그림과 같이 붙인다.

2 시접 부분이 위쪽으로 올라오도록 놓고 중심을 잡은 후 반대편 여분을 넣어 준다. 양면테잎은 조금씩 떼어 가며 붙여 나간다.

3 상자의 크기에 따라 카라멜식 방법을 이용하여 밑면을 포장한다.(밑면은 상자의 크기에 따라 모양이 달라 질 수 있다.)

4 상자를 바로 세우고 포장지의 앞뒤를 납작하게 접어 상자 윗면의 중심에 포장지가 오도록 모아준다. 이때 양옆의 포장지는 삼각형 모양으로 나오며 나온 꼭지점은 상자의 밑면 중심선과 일직선이 되도록 한다.

5 상자가 있는 부분부터 중심의 안쪽에서 바깥쪽으로 주름을 잡되 처음 주름은 디자인할 주름의 폭 보다 반 정도 작게 접고 그 다음은 원래 너비의 주름으로 지그재그로 접는다. 그래야만 주름의 중심이 중앙에 놓일 수 있다. 이때 주름의 배분이 상자의 중심선에서 벗어나지 않도록 접는 것이 중요하다.

6,7 중앙에 리본으로 묶어 주름을 고정시키고 양면 테잎을 이용하여 부채모양의 주름을 만들어 고정한다.

Point !

√ 하나
부재 주름 포장에서 주름을 잡은 포장지 끝 부분이 주름을 잡은 중심선 방향으로 모양이 놓여져야 하며, 안쪽에 양면 테잎을 붙여서 고정해야 리본을 장식할 정면이 깔끔하게 모양이 난다.

√ 둘
주름을 잡기전 포장지의 앞뒤를 눌러서 납작하게 만든 포장지의 옆선은 상자의 윗면을 중앙선과 밑면 포장 마감선이 일직선상이 되어야 주름을 맞붙일 때 반듯하게 접을 수 있다.

√ 셋
주름의 여유분이 너무 적으면 양쪽 주름이 위쪽으로 당겨질 수 있으니 여유분을 넉넉하게 잡아 주는 것이 좋다.

Circle

섬세한 감각으로 완성된 포장! 원형 상자 포장에는 뭐니해도 꼼꼼한 손놀림으로 주름마다 정성스러움이 느껴지는 포장법이다. 굳이 사각 상자가 아니더라도 원형의 형태를 그대로 살려 포장할 수 있는 방법, 똑같은 포장보다는 모양을 달리하여 포장해 보는 재미가 있다. 한 가지만 알면 여러 가지 형태를 자유자재로 변형하여 사용할 수 있는 포장법을 소개한다.

1 cylinder style
균형미 있는 **회전식 포장**

2 shallow style
다양한 원형 **카라멜식 포장**

3 unbalance style
표현이 자유로운 **언밸런스 포장**

4 others...
색다른 변형 **다양한 포장**

cylinder style

굳이 박스에 넣지 않아도 그 모양 그대로 하나씩 접어서 포장한 선물포장에는 내용에 관계없이 받는 것 만으로도 정성이 느껴진다. 주변의 다양한 모티브를 이용해 모양을 내보기도 하지만 주름이 자연스럽게 접힌 원형 모양의 포장엔 개성적인 느낌이 멋을 더한다.

포장지·재·단·방·법

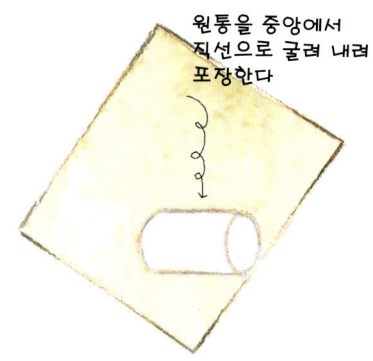

원통을 중앙에서 직선으로 굴려 내려 포장한다

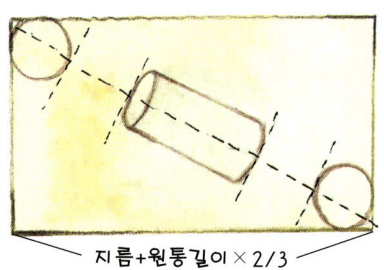

지름+원통길이 × 2/3

긴원형 포장의 다양한 형태

* 긴원형 포장에는 끝마무리의 선을 달리 하여 포장할 수 있다. 직사각형의 포장지를 대각선으로 이용하여 포장한 긴 원통 포장에는 대부분이 끝마무리 선이 사선의 모양을 띠지만 때론 깔끔하게 일직선으로 포장 할 수도 있다.

* 포장을 마무리 할 때에는 양면 테잎을 이용하여 포장지의 안쪽에 붙여 마무리를 하고 좀더 세련된 멋을 내 보려면 끝 선의 모양에 맞춰 다른 색 포장지나 리본을 덧대어도 좋다.
사용하는 포장지와 리본에 따라서 모양의 많은 차이가 있지만 덧붙이는 크기에 따라서도 모양을 다르게 표현 할 수 있다.

* 긴원형 포장에서는 무엇보다 포장지의 선택이 중요하다. 우선 포장지를 선택 할 경우에는 필름지나 부직포 등 부드러운 포장지를 사용하여야 주름이 부드럽게 잡힐 수 있도록 하는 것이 좋다.

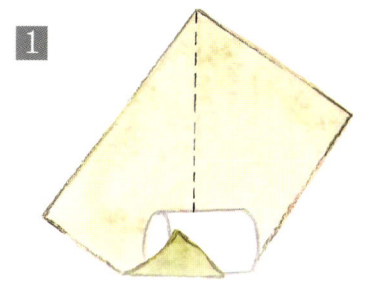
[1]

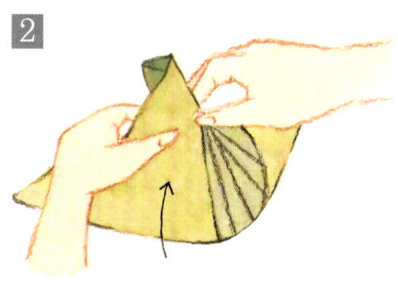
[2]

[3]

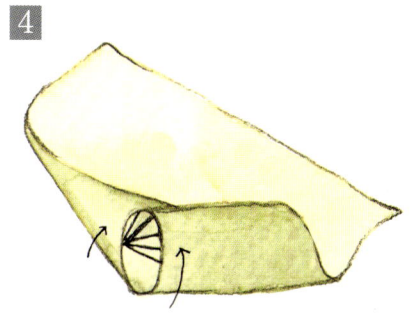
[4]

h·o·w·t·o

1 재단한 포장지 위에 원통을 올려놓되 포장지위에 대각선으로 눕혀 놓고 한쪽 모서리에서 포장을 돌리면서 시작한다.

2 원통의 옆면에 주름을 잡되 한 점에서 주름의 끝선이 만나도록 하고 주름은 일정한 간격으로 접어주는 것이 중요하다.

3 원의 반지름까지 주름을 잡았으면 마지막 주름은 원의 중앙에서 일직선이 되도록 한다.

4 나머지의 포장지 여분은 안으로 당겨주면서 포장한다.

5 반대편도 같은 방법으로 주름을 접어주고 나머지 여유분 포장지를 안쪽으로 잡아 당겨 양쪽 포장지의 남는 부분이 원통 길이와 일직선이 되도록 한다.

6 원통을 돌려주면서 마무리 하고 양면 테잎으로 모서리 부분을 고정시킨다.

7 완성된 상태

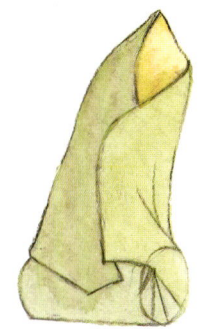
[5]

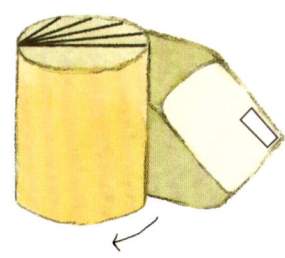
[6]

[7]

Point !

√ 하나
원통을 주름잡아 모양을 낼 때에는 윗면에 주름이 모두 놓여져야 하고 주름이 일정한 간격으로 놓여져야 한다. 또한 전체를 주름잡아 포장하는 것이 아닌 원형의 반지름만 주름을 잡아 준다.

√ 둘
원통을 눕혀서 위아래 면을 주름 잡아서 포장하고 포장지의 여유분은 안쪽으로 밀어 넣을 때에는 회전하는 원통이 접은 시접과 일직선이 되도록 하는 것이 중요하다. 포장지가 안쪽으로 더 들어가도 안 되고 밖으로 더 나와도 예쁜 포장을 완성할 수 없다.

√ 셋
포장의 끝마무리에서 마무리 시접이 원통의 위아래 면에 주름을 잡아 모양을 내고 안쪽으로 접은 선보다 2cm 이상 더 길게 마무리 한 다음 양쪽 주름을 전체적으로 잘 홀드할 수 있다.

shallow style

일정한 간격으로 주름을 잡아 원하는 색상과 다양하게 포장할 수 있는 것이 원형포장이다. 새로운 모티브를 얻어 조화있게 포장해보자.

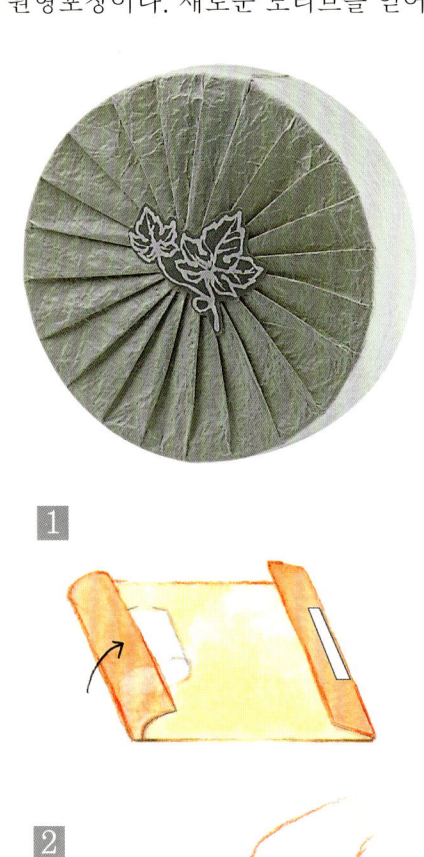

1

2

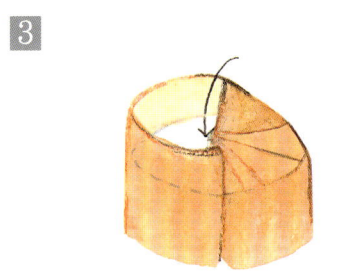

3

응용: 부채장식이 나오려면 재단할 때 부채의 폭 만큼의 여유분을 더해야 한다.

4

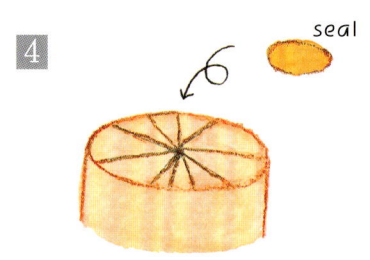

5

포장지·재·단·방·법

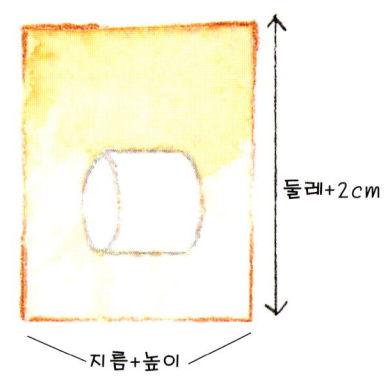

둘레+2cm

지름+높이

h·o·w·t·o

1 직사각형의 포장지 위에 낮은 원통을 눕혀 놓고 시접을 접어 양면 테이프으로 시접의 끝 부분에 붙여 원통의 둘레를 붙인다.

2 원통의 위 아래면을 주름 잡아 포장하되 둘레를 포장한 것 중 안쪽에 있는 시접을 먼저 접는다.

3 주름의 간격은 크기에 상관없이 전체적으로 일정하여야 하며 원통 중심점에서 시접의 끝이 모두 만날 수 있도록 한다.

4 원하는 모티브를 이용하여 중심점에 붙여 모양을 낸다.

5 양면 모두 같은 방법으로 포장한다.

unbalance style

원형 포장 중 가운데에 주름을 잡는 보자기식 포장의 변형으로 주름을 가운데에 놓지 않고 원형의 윗면 한 모서리에서 마무리 하여 장식하는 포장이다. 표현대로 언밸런스한 이 포장은 시선을 한쪽으로 고정시켜 색다른 멋과 화려함이 느껴지는 정감어린 포장법이다.

Point !

√ 하나
낮은 원통의 포장에서 주의하야 할 것은 주름의 모양과 부름이 모이는 점이 포인트이다. 주름이 만나는 점이 원둘레 길이를 한점으로 모아주는 작업으로 정확하게 가운데 점에서 만날 수 있도록 포장하는 것이 중요하다.

√ 둘
낮은 원통 포장에서 마감선을 둘러 포장한 다음 한쪽 면을 포장할 때에는 시접이 안쪽에 있는 것부터 포장하여 맨 끝 시접이 시작의 곁쪽에 위치하여 전체적으로 시접 모양이 한 방향으로 놓이도록 한다.

√ 셋
언밸런스 포장의 위아래 면 주름이 일정한 간격으로 유지될 수 있도록 포장하고 위 아래의 주름 중심선이 거의 같아야 한다. 또한 낮은 원통의 포장, 언밸런스 포장은 주름이 원통의 둘레에 위치하는 것이 아닌 위아래 면에만 있어야 한다.

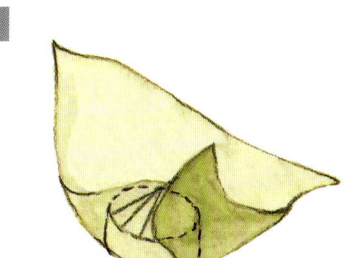

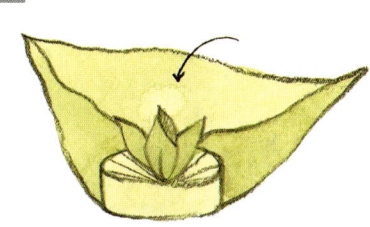

h·o·w·t·o

1 포장지를 대각선으로 놓고 포장지의 꼭지점이 만날 수 있는 삼각형 모양으로 겹쳐 놓은 다음 원통의 양쪽 시접 중 짧은 쪽을 먼저 접어 포장한다.

2 원통의 중심을 정하고 포장지의 원통 둘레를 훑어 포장지가 중심에 놓이면 원통의 바깥쪽부터 끝까지 주름을 접어 한 면을 완성한다.

3 뒤집어서 같은 모양으로 포장한 다음 윗면의 한 점에서 포장지가 만날 수 있도록 꼬아서 고정한다.

4 리본을 이용하여 주름을 고정시켜 완성한다.

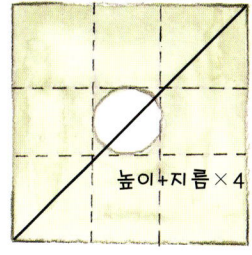

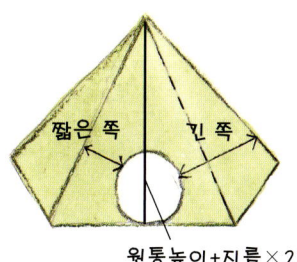

others

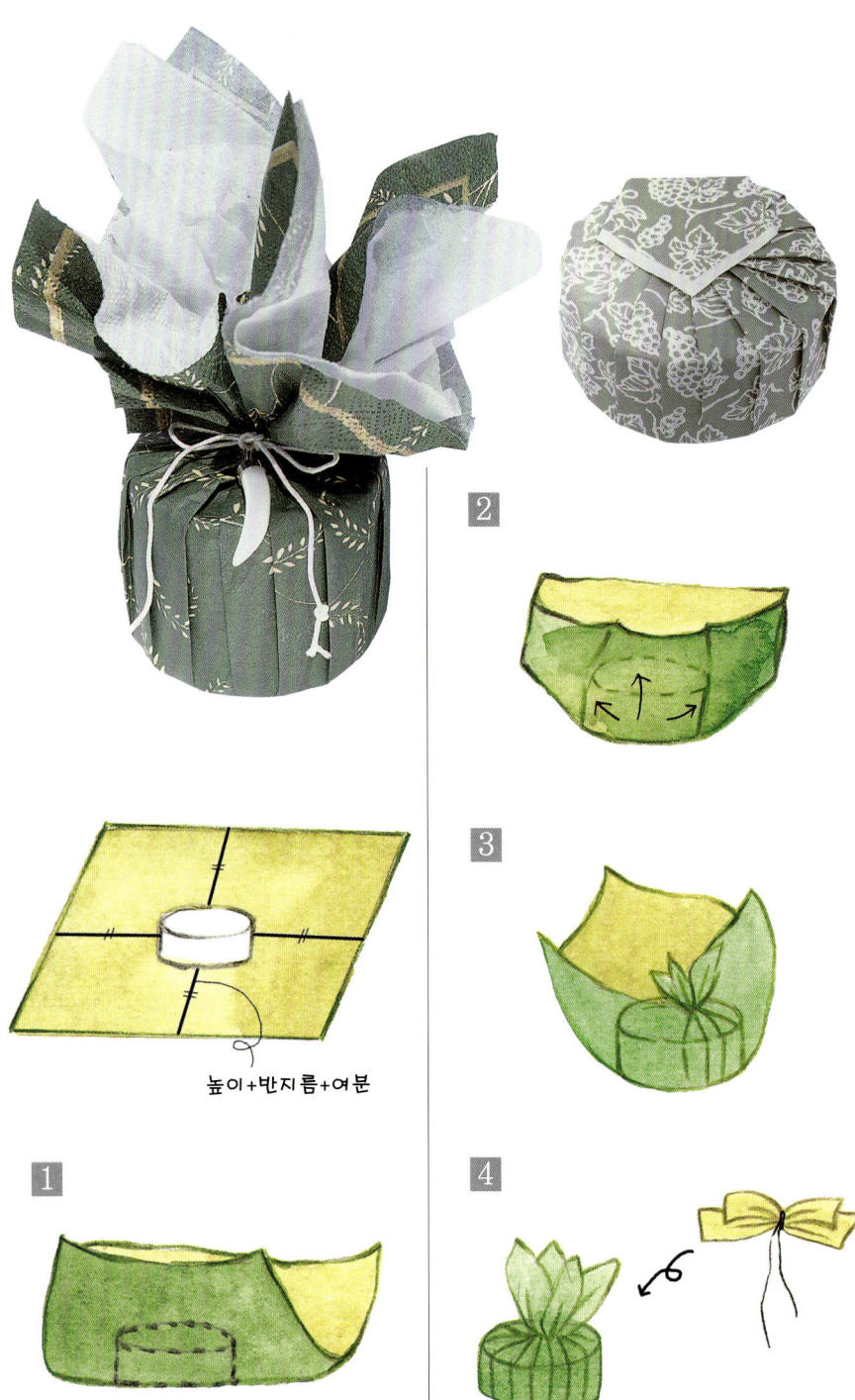

Point !

√ 하나
옆면을 포장할 때 포장지가 깔끔하게 상자에 붙도록 하고 포장지의 옆선을 한번 훑어 준다.

√ 둘
포장지의 시접이 중앙에서 마무리 될 수 있도록 포장할 때에는 처음 부터 미리 시접이 놓일 곳을 생각하면서 포장하는 것이 좋다.

√ 셋
한쪽 방향으로 주름을 접는 것이 아닌 이 포장에서는 서로 마주보도록 주름을 잡는 것이 중요하다. 일정한 간격으로 주름을 잡을 수 있도록 한다.

√ 넷
낮은 원통 포장에서는 다른 포장과 달리 높이 부분에 주름이 있다. 높이 부분을 먼저 포장했을 경우와 포장지를 전체적으로 둘러 포장했을 경우 다른 점은 주름의 방향이다.

h·o·w·to

1 포장지를 반으로 접어 포장지의 중심을 잡고 한쪽 부분에서 주름을 잡아 포장을 시작한다.

2 포장을 할때에는 포장지가 낮은 원통상자의 높이를 지나 주름의 중심이 윗면의 중앙에 놓일 수 있도록 포장지를 훑어주면서 포장한다.

3 오른쪽과 왼쪽의 주름이 서로 마주볼 수 있도록 주름을 잡는다.

4 앞 뒤를 모두 같은 방법으로 주름을 잡은 후 리본을 이용하여 주름을 고정시킨다.

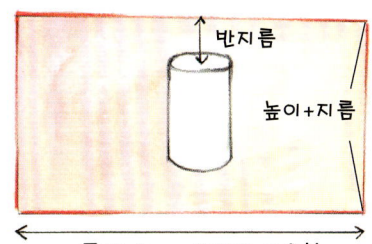

포장지·재·단·방·법

반지름
높이+지름

둘레+2cm+장식의 여유분

1	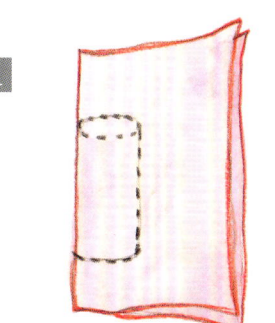
2	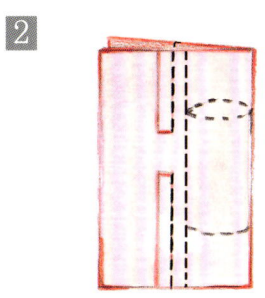
3	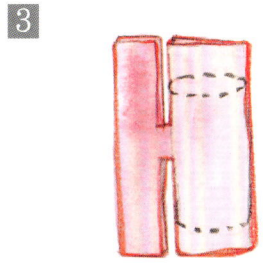
4	
5	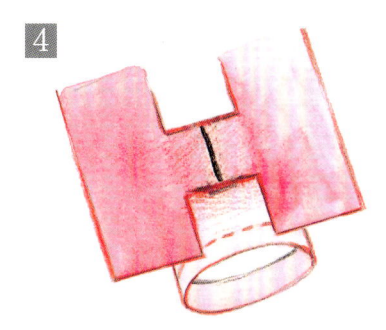
6	
7	
8	

h·o·w·t·o

1 재단한 종이의 중앙에 원형 상자를 놓는다.

2 포장지를 반으로 접고 원형 상자를 조였을 경우 원형상자로 부터 2cm 떨어진 곳에 위아래 모두 가위로 자른다.

3 가위로 자른 부분을 이용하여 원형 상자를 포장한다.

4 포장지를 이등분 한다.

5 원통의 윗면과 아래면을 포장한다.

6 장미가 만들어질 시접부분을 이등분하여 시접의 끝선이 안쪽에 놓이 도록 한다.

7 한쪽 시접을 말아서 장미 모양을 만든다.

8 다른 쪽 시접을 이용하여 한쪽의 장미 모양을 감싸면서 모양을 낸다.
시접의 끝을 고정시켜 모양을 완성한다.

Polygon

일상생활에서 다각과 원형이 아닌 삼각 상자와 오각 상자를 이용해서 포장을 하는 경우는 그리 많지는 않을 것이다. 그러나 가끔 만날 수 있는 상자지만 모양이 여러 형태로 되어 있거나 기본 형태에서 벗어난 상자들은 세련미를 더한다. 모양이 특이하면서도 심플한 삼각형과 액세서리를 담을 수 있는 여러 형태의 박스를 포장할 수 있는 방법을 소개한다.

1 triangle style
   삼각 상자 포장

2 pentagon style
   오각 상자 포장

3 hexagon style
   다각형 포장

triangle style 1

삼각형의 형태를 갖춘 박스를 포장하는 것은 생각보다 쉽다. 각 꼭지점에서 접어넣은 시접이 중앙에서 만날 수 있도록 포장하면 완성. 뾰족한 상자의 모양이 재미있다. 간단하게 만든 삼각형 샌드위치나 간식 거리를 삼각형의 박스에 넣고 포장해 보는 것은 어떨까?

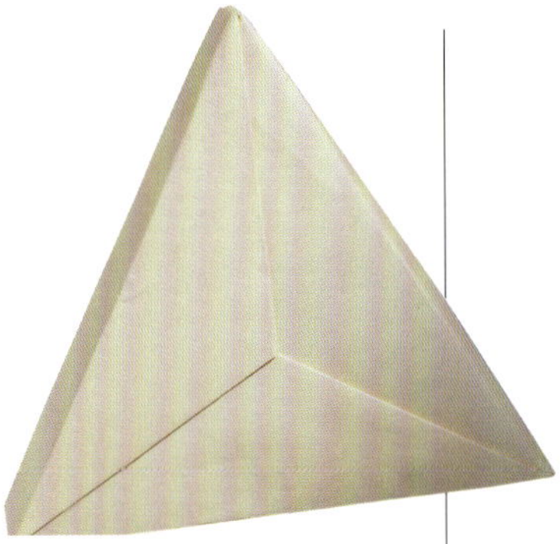

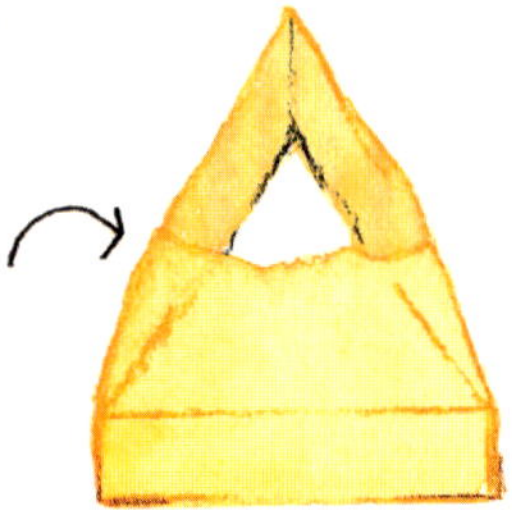

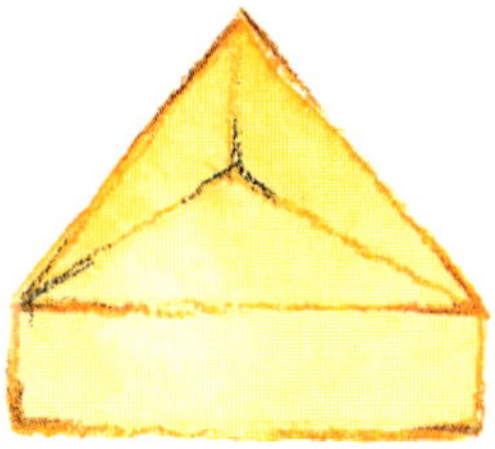

포장지·재·단·방·법

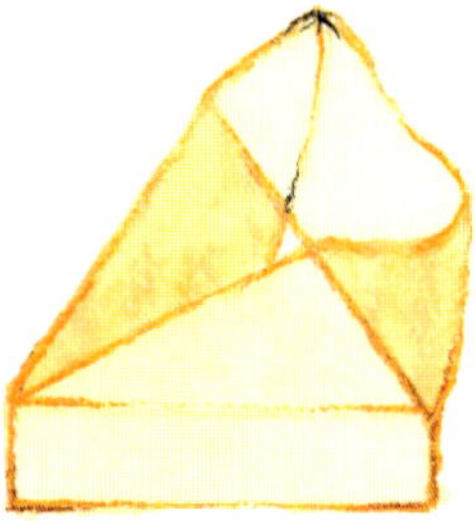

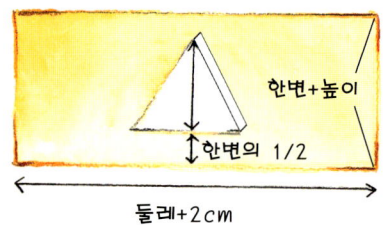

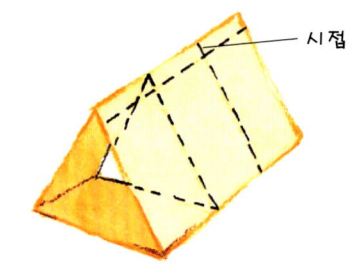

h·o·w·t·o

1 재단한 포장지 위에 삼각 상자를 올려놓는다. 포장지의 여분이 삼각형의 꼭지점이 위치하도록 한다.

2 한면을 먼저 포장하여 놓되 시접이 안쪽에 위치한 것을 시작으로 접는다.

3 한 꼭지점에서 꼭지점 만큼 접는다.

4 접혀진 꼭지점 너비를 1/2로 접어서 안으로 집어 넣는다.

5 마지막 꼭지점 너비를 1/1로 접어서 안으로 집어 넣어서 마무리 한다. 다른 한면도 같은 방법으로 한다.(3각형의 가운데 점에서 만난다.)

triangle style 2

삼각형 박스를 포장하는 방법은 위, 아랫면을 똑같은 방법으로 시접을 접어 삼각형의 중앙에 맞추는 포장법을 사용할 수 있지만 한쪽 면에만 모양을 내어 박스를 포장할 수도 있다.

1

높이+한 변의 1/2

Point !

√ 하나
손수건이나 스카프 등을 예쁘게 모양내어 담아 포장할 때 이용하면 그 모양이 흔들리지 않고 그대로 유지할 수 있는 방법이다.

√ 둘
포장지는 투박하지 않아 두 번씩 접어 겹치는 부분이 날렵하게 표현될 수 있는 것으로 선택한다.

2

3

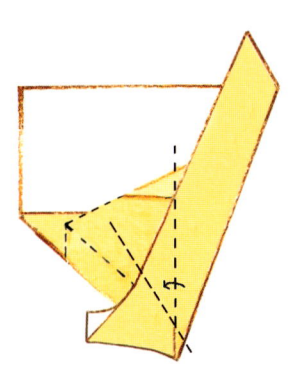

4

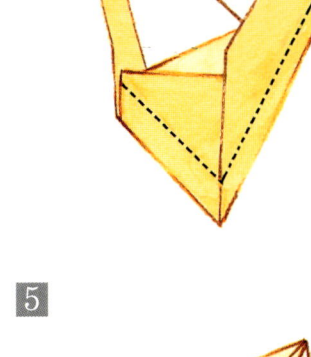

5

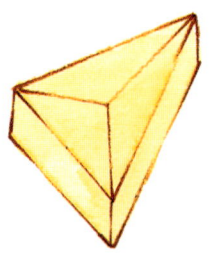

h·o·w·to

1 재단한 상태대로 상자의 위치를 잡는다.

2 아랫쪽 부분의 포장지를 먼저 올려 싸주고 옆 모서리의 여분을 밀착시킨다.

3 삼각의 중심점에 맞추어 선을 표시하여 모서리를 싸면서 두 번 접는다.

4 남은 한면의 포장지는 양쪽의 모서리에 밀착시켜 직각으로 올려 준다.

5 3과 같이 한 끝씩 양쪽에서 접어 넣어 중심점을 맞춘다.

pentagon style

눈부신 태양의 바짝임이나 밤하늘의 초롱초롱한 별을 닮은 오각형의 모양은 느낌 그 자체만으로도 화려하다. 자신의 손으로만 제작하여 자연스럽고 순수할 것 같은 느낌은 다각형에서만이 느낄 수 있는 친근감이다. 이런 기분을 활용하여 화려하고 섬세하게 포장해 보자.

Point !

√ 하나
다각형의 박스포장에서 포장의 방법은 여러 가지로 나눌 수 있다. 한쪽 면에 만 주름을 잡는 포장, 양쪽 모두 주름을 잡는 포장. 한쪽 면에만 주름을 잡아 포장할 경우에는 박스가 포장지의 중앙에 위치하여 포장을 시작하고, 양쪽 모두 주름을 잡아 포장을 할 경우에는 박스의 옆면을 포장한 다음 위아래 면을 포장하는 것이 다르다.

√ 둘
한쪽 주름에는 포장지의 모양이 마름모꼴을 이루도록 놓고, 양쪽주름에는 직선으로 놓아 옆면을 두른 상태에서 포장을 시작한다.

h·o·w·t·o

1 포장지 위에 포장할 오각형의 상자를 세워놓고 포장지를 재단한다.

2 상자의 모서리에 1cm 가량 시접을 주어 높이를 포장한다.

3, 4 양 쪽 면을 오각형의 각에 따라 포장하는데 각 꼭지점에서 1/2 너비로 중앙에서 만날 수 있도록 주름 잡아서 포장한다. 처음 시접을 접을 때는 모서리에 높이의 시접 중 안쪽에 위치한 시접을 시작으로 포장하고 끝선의 시접이 처음 시접 안쪽에 놓이도록 하여 전체 시접의 방향이 한쪽 방향으로 놓이도록 포장한다.

5 완성된 상태 (5각형의 한가운데 중심점에서 만난다.

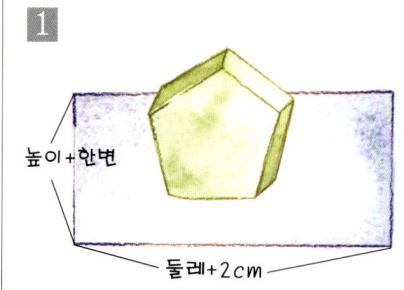

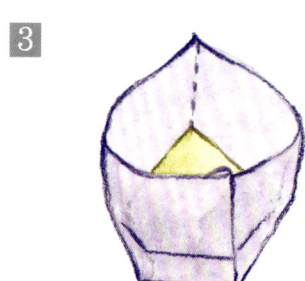

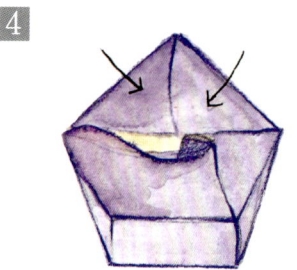

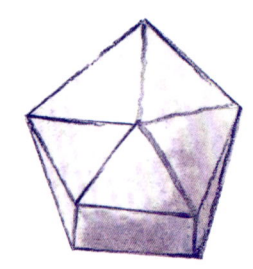

hexagon style

삼각과 사각을 제외한 여러 개의 각을 이룬 형태를 다각형 포장에 묶었다. 한 가지 방법만 알아두면 모두 쉽게 포장할 수 있는 것이 다각형 포장이다. 특별한 의미가 있는 날, 소중한 선물을 건넬 때 모던한 느낌이 배어있는 다각형 포장은 선물을 더욱 센스있고 화려하게 연출한다.

h·o·w·t·o

1 포장지 위에 포장할 육각형의 상자들을 세워 놓고 포장지를 재단한다.

2 높이 부분을 포장하되 시접이 한 모서리에서 겹치도록 1cm 접어 고정한다.

3, 4 양 쪽 면을 각형의 각에 따라 포장하는데 각 꼭지점에서 시접을 접어 중앙에서 만날 수 있도록 주름 잡아서 포장한다. 처음 시접을 접을 때는 높이의 시접 중 안쪽에 위치한 시접을 시작으로 포장하고, 끝 선의 시접이 처음 시접 안쪽에 놓이도록 포장한다. 전체 시접의 방향이 한쪽 방향으로 놓이도록 포장하는 것이 중요하다.

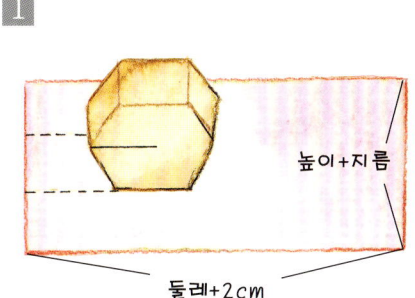

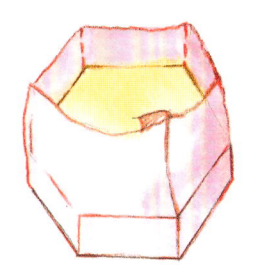

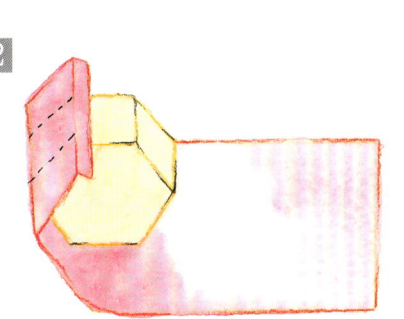

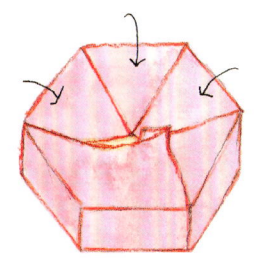

Part 2

Variation wrapping

케이스 없는 형태의 포장

일정한 틀에서 벗어나 그 자체로 모양을 내는 선물들이 시중에 다양한 형태로 전시되어 있다. 그러나 운반의 편리와 상품을 보호하기 위해서는 포장이 빠질 수 없을 것이다. 선물에 옷을 입히는 즐거운 작업. 포장을 이해하기 위해서는 선물의 형태를 파악하고 그 선물이 잘 표현될 수 있도록 포장하는 것도 한 방법이다. 케이스가 없는 형태의 포장에서는 기본 박스 형태가 아닌 상자를 제작하거나 그 일정한 형태의 모양을 그대로 살려 포장하는 방법들을 소개한다.

기하학적인 모양의 틀을 만들어 배치해보고 기존에 사용하던 스타일을 재구성하여 제작해보기도 한다. 아마도 이런 형태의 포장에서는 하나 하나 손으로 만들어 가는 정성이 가장 돋보일 것이다.

병포장 / 납작상자포장 / Flat case 만들기 / 쇼핑백 만들기

Bottle

선물이란 작은 것 하나에도 받는 이를 기쁘게 하지만 정성스럽게 포장한 선물 포장에는 주는 이의 센스를 느끼게 한다. 운반하기도 편하고 선물을 보호할 수 있는 병포장. 선물의 분위기를 돋보이게도 하는 다양한 아이디어의 포장법을 소개한다.

1 a pen point style
오픈 **회전식 포장**

2 twin style
따로 또 하나로 **두병 포장**

3 straight style
직선으로 곧은 **일자형 포장**

a pen point style

회전식 포장을 응용하여 병의 윗부분을 일부 보이게 하는 포장법이다. 때론 병 뚜껑을 따로 덮을 수 있도록 뚜껑 포장을 제작하여 모양을 내기도 하지만 자연스럽게 내용물을 공개하거나 특별히 병의 모양이 예뻐 감출 필요가 없을 때 간단한 회전식 포장은 심플하면서도 모던해 보인다.

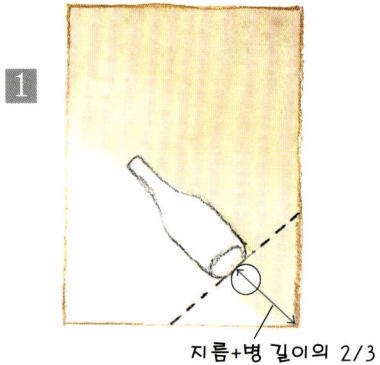

지름+병 길이의 2/3

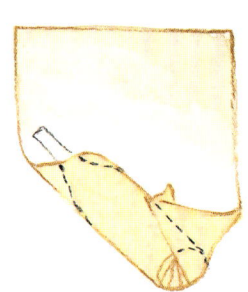

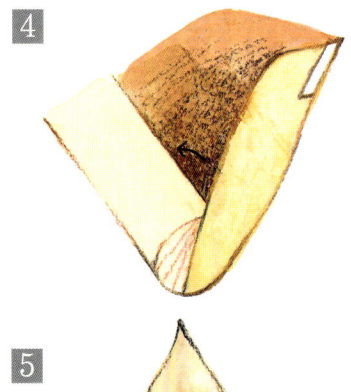

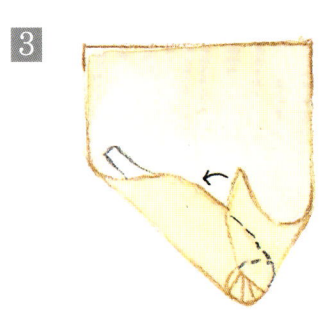

h·o·w·t·o

1 재단한 포장지 위에 병 길이의 2/3만큼의 여유분을 두고 포장지 위에 뉘여서 포장한다.

2 포장지의 모서리로 병을 끌어와 포장을 시작하되 밑면을 먼저 포장한다. 밑면을 포장할 때에는 긴원통형의 회전식과 같은 방법으로 원둘레 1/2의 한쪽 모서리에 주름이 모이도록 하여 주름을 잡아준다.

3 1/2 만큼의 여유분은 포장지 안쪽으로 집어넣고 병둘레에 맞추어 돌려가면서 포장한다.

4 마무리 선이 병과 같이 일직선으로 놓일 때에는 주름을 접어 양면 테잎으로 고정한다.

5 완성된 상태

twin style

병 포장을 응용하여 포장하는 방법에는 여러 가지가 있다. 밑면에서부터 병의 목 부분까지 전체적으로 주름을 잡아 포장하는 방법, 두 병을 따로 포장하지 않고 한 번에 들 수 있도록 포장하는 방법 등 어버이날이나 스승의 날 특별히 병을 이용한 제품들을 선물하고자 한다면 병 포장의 다양한 방법들을 응용해 보자.

Point !

√ 하나
병 포장에서 중요한 것은 포장지의 선택이다. 병의 무게를 생각하여 조금은 질기거나 두꺼운 종이를 사용하는 것이 좋다. 포장지가 약하다고 생각되면 보자기나 부직포를 이용하여 병의 무게를 받혀주는 것도 좋다.

√ 둘
2개의 병을 같이 포장할 수 있는 보자기식 포장법 같은 경우는 정확히 사이즈 측정을 하지 않으면 시접 부분이 너무 길게 늘어져 잘라내야 하는 일이 생길 수 있으니 사이즈를 측정할 때에는 여유분의 활용과 모양을 고려하는 것이 중요하다.

h·o·w·t·o

1 재단한 포장지 위에 두병을 올려놓되 밑면이 서로 마주 보도록 눕혀서 놓는다. 병의 밑면을 세웠을 때 서로 밀리지 않도록 병을 놓을 때에는 밑면의 종이 여유분을 두고 놓는 것이 좋다.

2 두병을 포장지로 둘둘 감아 준다.

3 말아둔 병을 세워 병의 윗부분을 리본으로 묶어주고 포장을 완성한다.

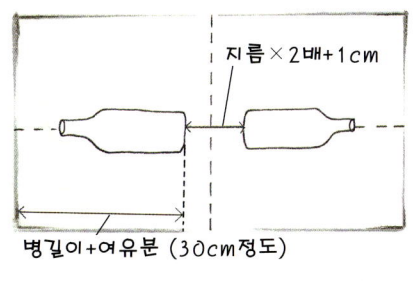

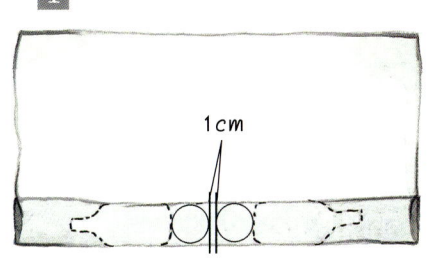

straight style

밑면은 원통형의 기본 포장법을 그대로 사용하거나 봉투 만드는 방법 등을 사용하여도 병을 포장할 수 있다.
단 후자는 운반도중 병이 좌우로 쏠려서 중심을 잃을 수 있으니 특별히 병을 포장할 때에는 밑면을 타이트하게 제작하는 것이 좋다. 병의 위 아래가 일자형으로 곧은 병 포장에선 다양한 액세서리로 멋을 낼 수 있다. 비즈장식과 포장의 색상 조화로 생각지도 못했던 색다른 아이디어가 재미를 더할 수 있는 포장이다.

포장지·재·단·방·법

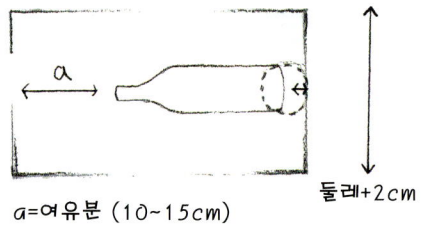

a = 여유분 (10~15cm)
둘레 + 2cm

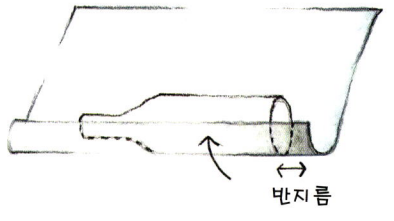

반지름

일자형 포장의 다양한 형태

정확한 포장지 제도를 두려워하는 사람이라면 이 포장법을 사용하는 것이 좋다. 병 밑면의 주름처리 이외에는 포장의 길이를 잘못 계산했다 하더라도 포장하는 사람의 디자인과 모양에 따라 커버할 수 있으니 병 포장을 망설였던 사람도 쉽게 포장할 수 있는 포장법이다.
포장 둘레가 일직선으로 곧게 뻗은 이 포장법은 대부분 위쪽에서 다양한 모양을 만들어 볼 수 있는 포장법이기도 하다. 리본을 이용한 단순한 포장도 가능하며, 둘둘 말아서 리본으로 넥타이 모양을 낼 수 있으며, 병 전체에 리본으로 띠를 둘러 묶어 주어도 좋은 모양의 포장을 만들 수 있다. 또한 여러 가지 병을 각기 다른 포장법을 사용하여 포장한 다음 바구니 속에 과일과 함께 준비하면 추석이나 크리스마스에 다른 선물과 함께 정성스럽게 담아 볼 수 있다.
일정한 틀이지만 여러 가지의 아이디어를 구상해 두었다가 자유자재로 마음껏 멋을 부려 보는 것도 좋고, 장식할 수 있는 소재를 하나씩 모아 두거나 주위에 자연스러운 소재들을 이용해 보는 것도 포장을 더욱 멋스럽게 만드는 아이디어이다.

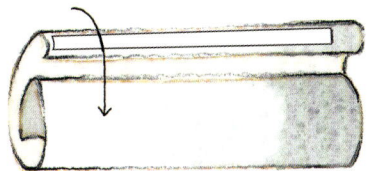

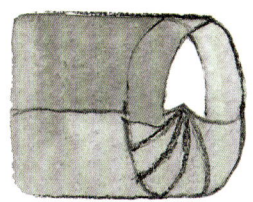

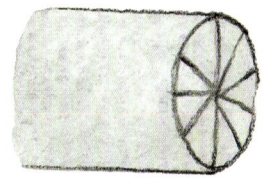

h·o·w·t·o

1 재단한 포장지 위에 병을 뉘여 놓고 시접이 있는 부분이 위에 놓이도록 단단히 붙인다.

2 병의 밑면을 먼저 포장하는데 이 때 포장법은 주름에 중앙에서 만나는 카라멜 포장한다.

3 주름은 안쪽에서 부터 일정하게 접는다.
주름이 완성되면 주름이 잘 고정될 수 있도록 스티커나 양면테잎을 붙여 준다.

4 병을 바로 세우고 윗부분의 마감을 접어 양면테잎으로 고정한다.

5 작은 액세서리 등을 이용하여 포장을 장식한다.

Point

√ 하나
병을 세워서 한쪽으로 기울지 않도록 밑면의 주름은 세심하고 정성스럽게 모양을 만드는 것이 중요하다. 너무 많은 주름을 넣거나 주름이 두터워 지면 병을 세웠을 때 기우뚱 해질 수 있으니 깔끔하면서도 균등하게 포장하는 것이 포인트

√ 둘
윗 부분의 장식은 주름잡기, 와이셔츠 장식, 리본 끼워 장식하기 등 다양하게 응용할 수 있으므로 개성있는 표현을 해보자.

Envelope

공연티켓이나 상품권에 작은 메시지 하나를 곁들여 멋을 내어 선물하는 것은 어떨까? 밋밋한 봉투에 넣어 선물하기 보다는 포장지에 정성스럽게 포장하여 건네는 센스를 발휘해 보자.
납작 상자 제작은 봉투 형식의 틀을 가지고 있으면서 포장지의 화려하고 다양한 멋을 즐길 수 있으며, 두꺼운 종이를 사용하여 사각의 형태 이외에 다양한 모양으로 포장의 미를 더한다.

1 basic & folded wrapping
   깔끔한 **기본형 접기 포장**

2 thin case wrapping
   티켓처럼 얇은 **납작 상자 제작**

basic & folded box

어버이 날이나 스승의 날 흔히 쉽게 선물할 수 있는 용품 중 스카프나 깔끔하고 깨끗한 손수건은 빼놓을 수 없는 상품이다. 이렇게 직물로 된 선물들은 선물이 흐트러지지 않도록 속 포장으로 고정하고 사이즈를 측정한 다음 다양한 색상의 포장지를 이용하여 포장해 보자.

1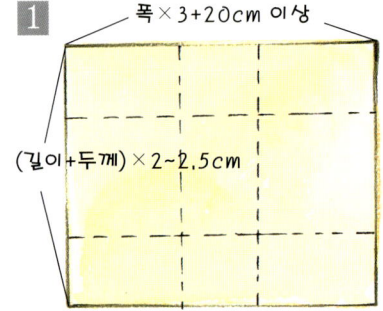
폭×3+20cm 이상
(길이+두께)×2~2.5cm

2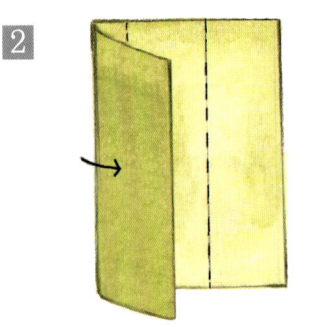

3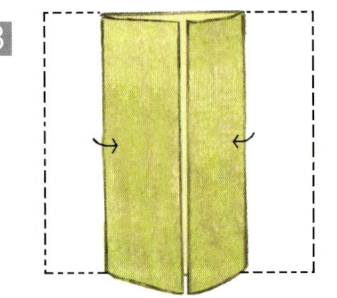

h·o·w·t·o

1 재단한 포장지 위에 티켓을 중심에 올려 놓는다.

2 티켓 너비와 종이 두께를 더해서 길이의 쪽을 먼저 접고 양면 테잎으로 고정한다.

3 접힌 폭쪽으로 3등분해서 티켓이 놓인 양쪽을 접는다.

4 양끝을 마주잡고 티켓을 중심에 놓은 상태로 티켓의 폭 만큼 올려 잡아 접는다.

5 양쪽을 같이 잡아 시접을 접은 다음 다시 4~5cm를 접어 seal로 고정한다.

6 밑면이 잘 고정되도록 하고 포장을 완성한다.

4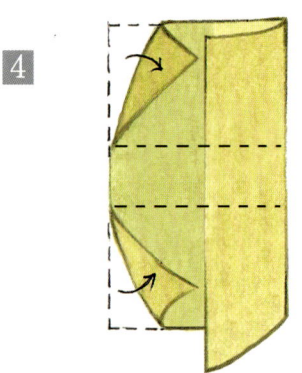

5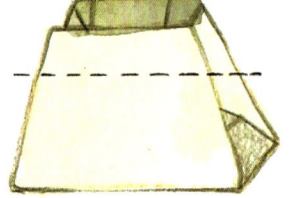

6

Point ❗

√ 하나
티켓 포장은 선물을 돋보이게 장식하는 것도 중요하지만 내용물이 잘 보관될 수 있도록 포장하여야 한다. 포장지를 이용하여 접을 때에는 접는 선이 비틀어지거나 내용물을 손상시키지 않도록 주의하면서 포장한다.

√ 둘
여러번 접어서 포장지에 주름이 생기지 않도록 한번에 깔끔하게 포장하는 것이 좋다. 그리고 모서리 부분이 구겨지거나 접을 때 서로 맞물리지 않도록 하는 것이 중요하다.

√ 셋
리본이나 다른 색 종이를 이용하여 seal을 만들어 장식하는 것도 좋은 방법이다.

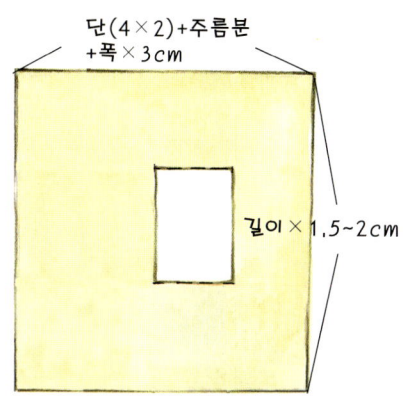

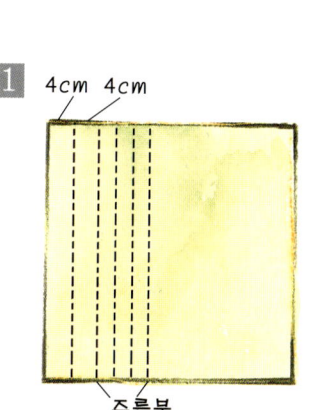

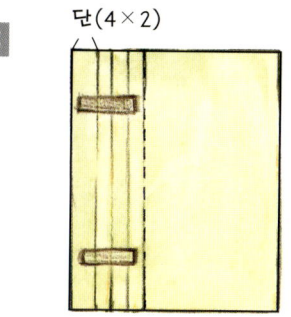

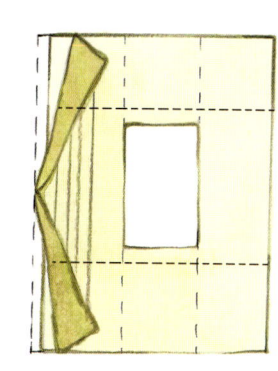

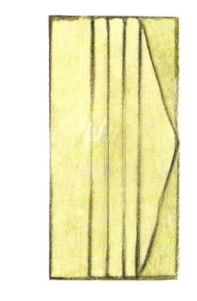

h·o·w·t·o

1 재단한 포장지 위에 티켓을 올려놓고 시접부분을 접어서 표시해둔다.

2 일정한 간격으로 주름을 잡아 펴지지 않게 안쪽을 스카치 테잎으로 고정한다.

3 뚜껑의 디자인 할 모양을 그림과 같이 접어준다.

4 티켓을 중심에 놓고 점선대로 길이의 3등분선을 먼저 접고 주름 장식이 없는 반대쪽을 접는다.

5 주름 장식 부분을 덮어주면 단정한 모습으로 완성된다.

thin case wrapping

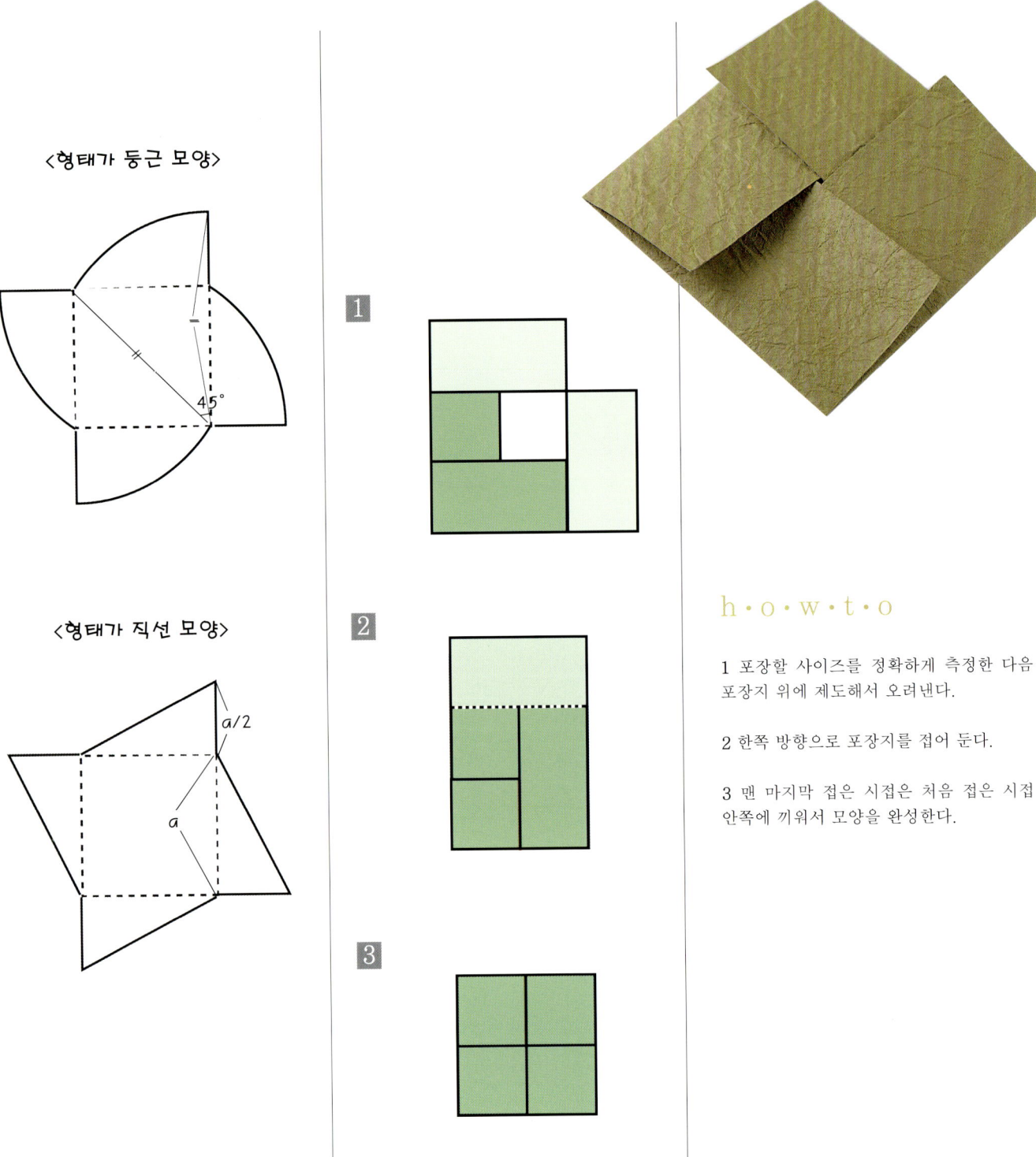

〈형태가 둥근 모양〉

45°

〈형태가 직선 모양〉

a/2
a

h·o·w·t·o

1 포장할 사이즈를 정확하게 측정한 다음 포장지 위에 제도해서 오려낸다.

2 한쪽 방향으로 포장지를 접어 둔다.

3 맨 마지막 접은 시접은 처음 접은 시접 안쪽에 끼워서 모양을 완성한다.

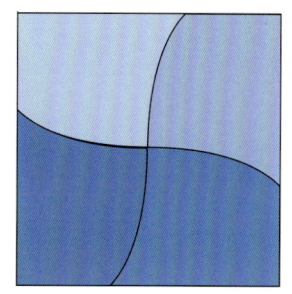

<옆선이 겹쳐 접히는 모양>

[1]

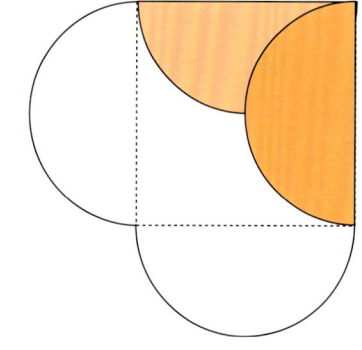

[3]

[2]

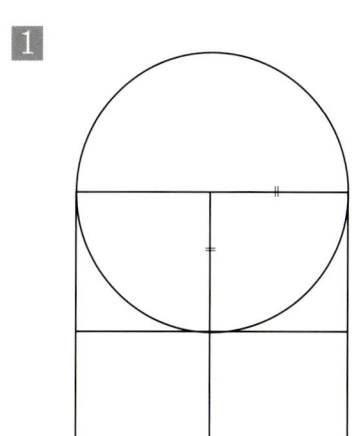

[4]

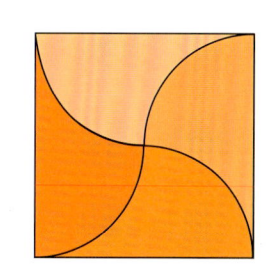

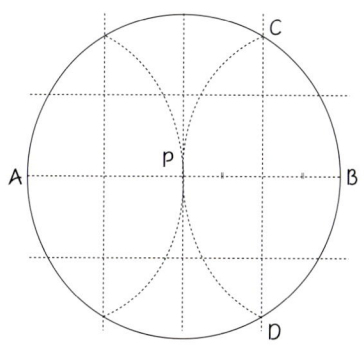

h·o·w·to

1 내용물의 너비+두께의 지름으로 원을 그린다.

2 배색할 4가지 종이를 같은 방법으로 제도한다.

3 배색할 위치를 정하고 겹치는 부분을 풀칠해서 붙인다. (결의 방향이 비뚤어지지 않게 주의 한다.)

4 4각으로 접히는 부분을 칼등으로 눌러주고 안쪽으로 접어서 끼워넣어 주어 4각 접기를 완성한다.

1 내용물의 너비+종이 두께×2 로 지름을 하는 원을 그린다.

2 중심축 P에서 A,B 를 지나는 직선을 그린다. (원의 지름)

3 A,B 각각에서 P를 반지름으로 하는 호를 그린다.

4 C,D를 연결한 선이 AB/4 길이 이다.

5 4변을 같은 방법으로 제도한다.

6 4등분된 선을 칼등으로 눌러 사각 접기를 완성한다.

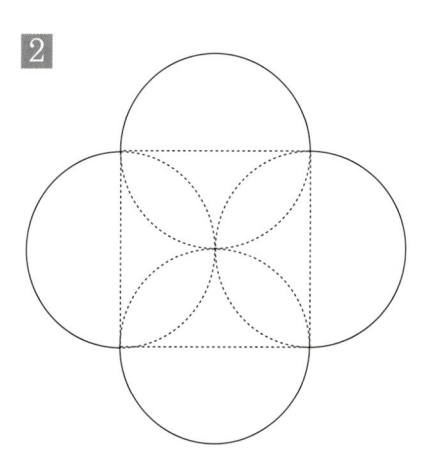

* 원형을 이용한 구조 접기 (3각형)

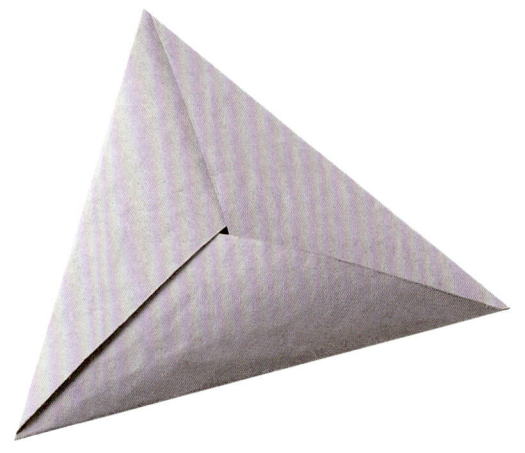

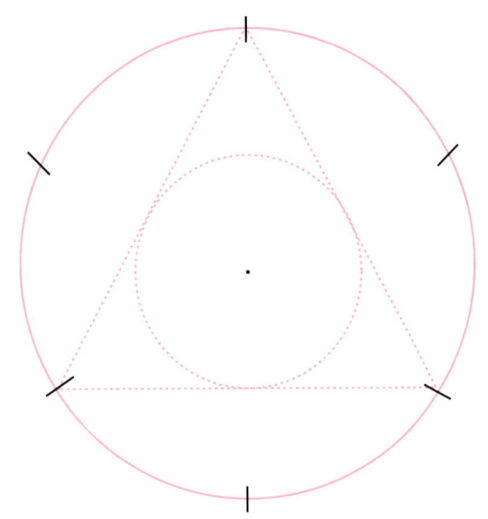

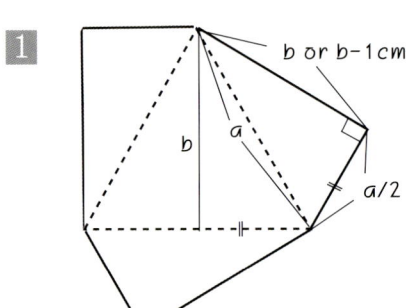

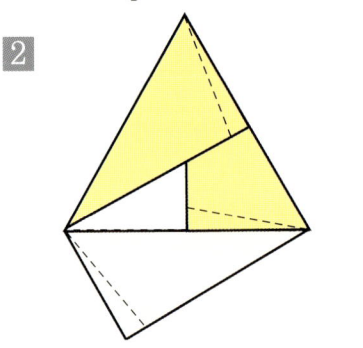

h·o·w·to

1 내용물의 너비+종이 두께×2배로 컴퍼스로 원을 그린다.

2 중심선에서 내용물 크기의 1/2로 원을 그린다.

3 원둘레에서 3등분 점을 찾아서 삼각형을 그린다.

4 3등분점을 칼등으로 눌러 삼각접기를 완성한다.

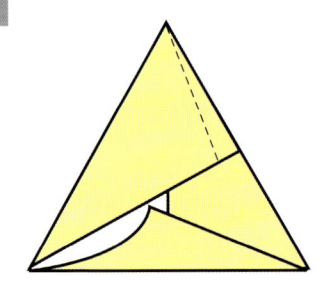

* 원형을 이용한 다각형 접기

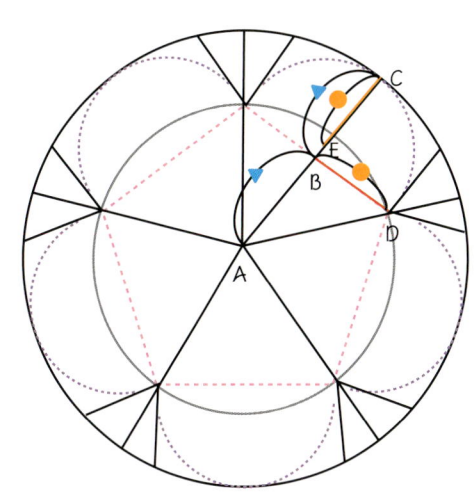

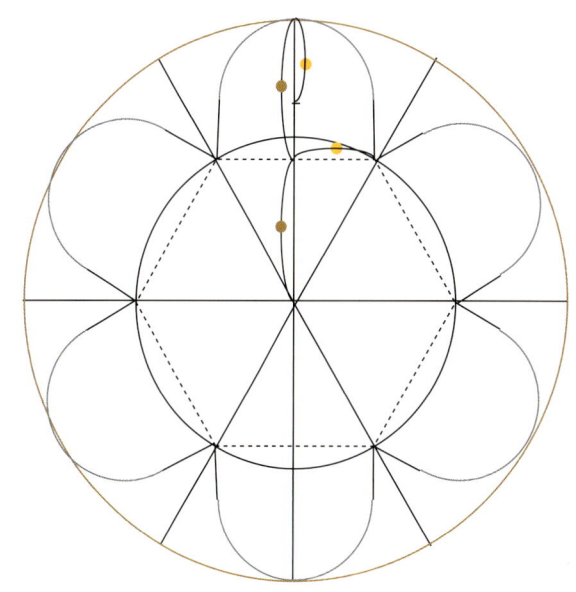

h·o·w·t·o

1 72°로 오각형을 그린다.
2 A와 B의 길이와 B와 C의 길이를 같게 표시 한다.
3 B와 D의 길이와 C에서 E의 길이를 같은 길이로 정하고 E에서 반지름으로 호를 그린다.
4 양옆은 일직선으로 처리한다.
  * 오각형 만드는 방법은 P72 참고

h·o·w·t·o

5각형, 6각형 그리는 방법
1 각도자를 이용했을 경우
   72°×5=360°
   60°×6=360°
2 직선자, 삼각자 이용했을 경우
   원둘레=지름×3.14 ÷ 1/5, 1/6

3 속 포장지 만들기
1) 겉 포장지 보다 3-5mm 적게 재단한다.
2) 냅킨, 한지, 트래팔 지, 트래싱 지, 프레스 플라워, 낙엽, 그림, 시(poet) 등을 이용할 수 있다.

Flat case

Flat case는 가장 단순하고 기본적인 스타일로 평면인 한 장의 종이로 재단하여 한 곳에 풀을 붙임으로서 입체가 되는 형식이다. 물건을 넣고 빼기가 간단하게 제작되어 있고 크기와 사이즈를 마음대로 조절할 수 있다.
직접 만들 수 있는 스타일의 프레임을 살펴보고 작은 소품을 담아둘 수 있는 케이스나 선물 포장용으로 활용해 보자.

1 basic flat case
작은 용품 **기본형** flat case

2 flat case
색다른 변형 **응용** flat case

flat case

어버이 날이나 스승의 날 흔히들 쉽게 선물할 수 있는 작은 용품 중 넥타이, 스카프나 깔끔한 손수건은 빼놓을 수 없는 선물 용품이다. 이렇게 얇고 부드러운 재질의 선물들은 예쁘고 단정하게 접은 상자를 이용하여 개성있는 포장을 해 보자.

* 뚜껑이 위, 아래로 열리는 flat case

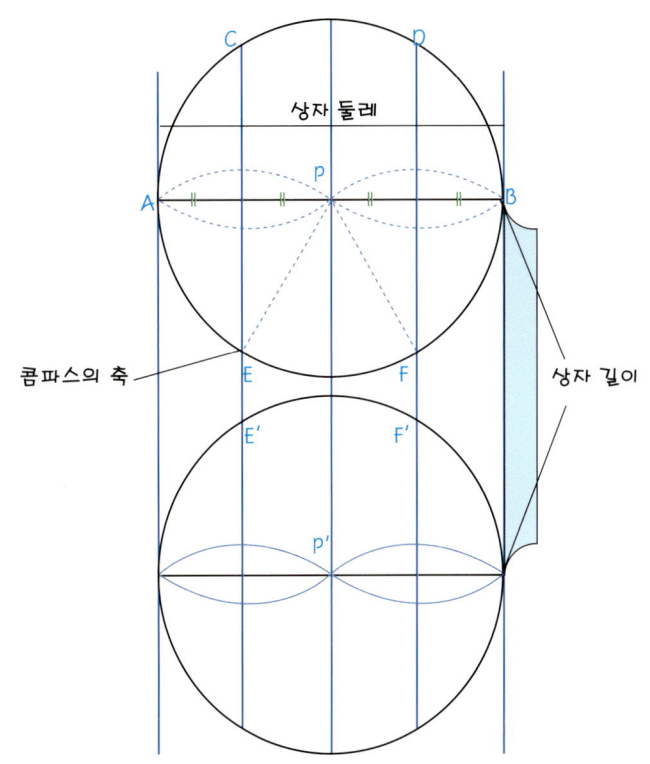

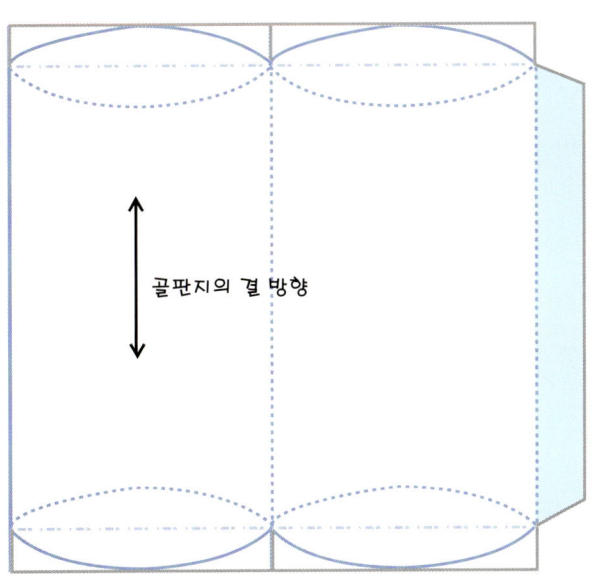

h·o·w·t·o

1 제도할 폭+종이 여유분을 반지름으로 원을 그린다.(AP=BP)

2 A. B에서 P의 길이로 원을 그려 C. E와 D. F를 그린다.

3 E. F에 AP와 BP 길이로 호를 그린다.

4 상자의 길이를 정하고 E'. F'에서 P' 길이로 각각 호를 만든다.

5 시접분을 제도한 다음 글루건으로 마무리해서 완성한다.

57

* 곡선을 이용한 flat case

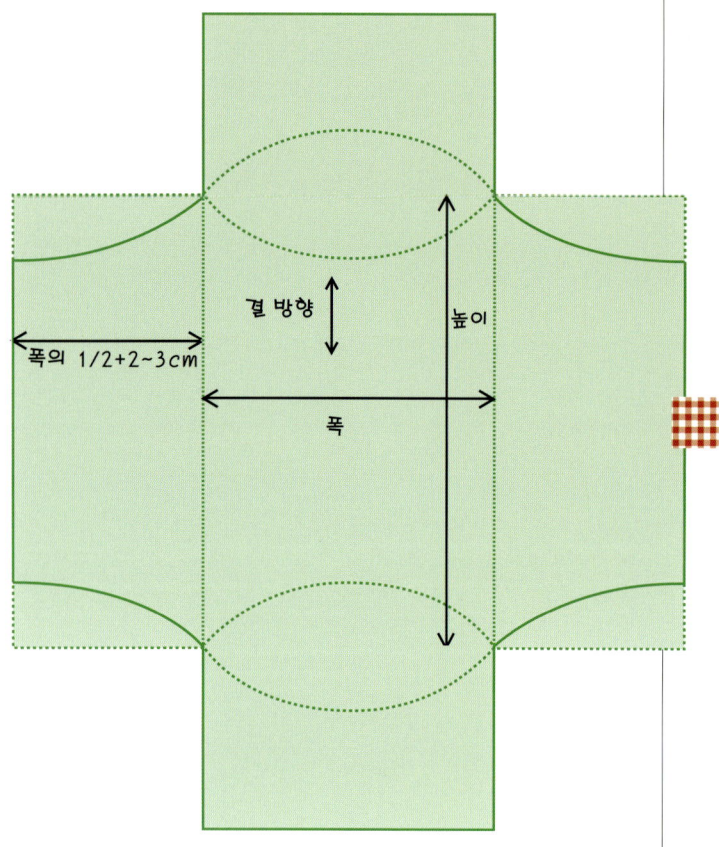

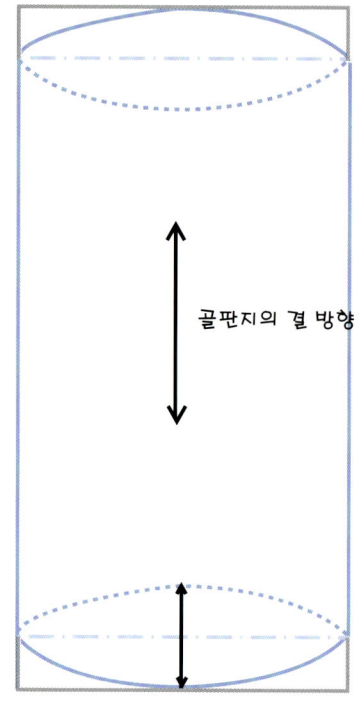

〈상자 속받침 만들기〉

골판지의 결 방향

* 겉상자 보다 종이 두께 만큼 적게 제작한다.

h·o·w·t·o

1 골판지 위에 그림과 같이 변형상자 전개도를 그린다.
2 전개도를 카터로 도려낸다.
3 접을 곳의 도안선에 칼등을 이용하여 눌러준다.
4 글루건을 이용하여 상자의 시접부분을 단단히 붙여준다.
5 상자 잠금쇠는 ㅁ ㅁ 테잎으로 붙인다.

<곡선 응용>

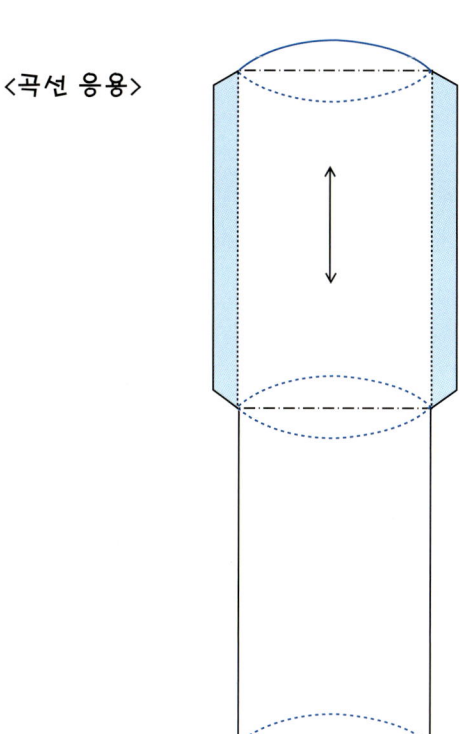

* 직선을 응용한 flat case

<직선 응용 1>

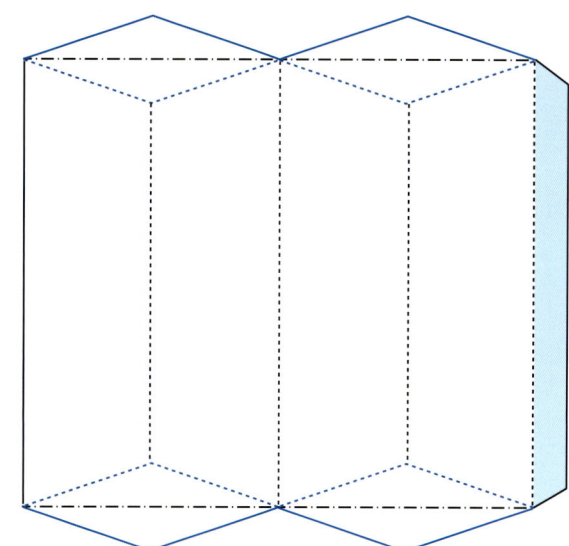

<높이가 있는 flat case>

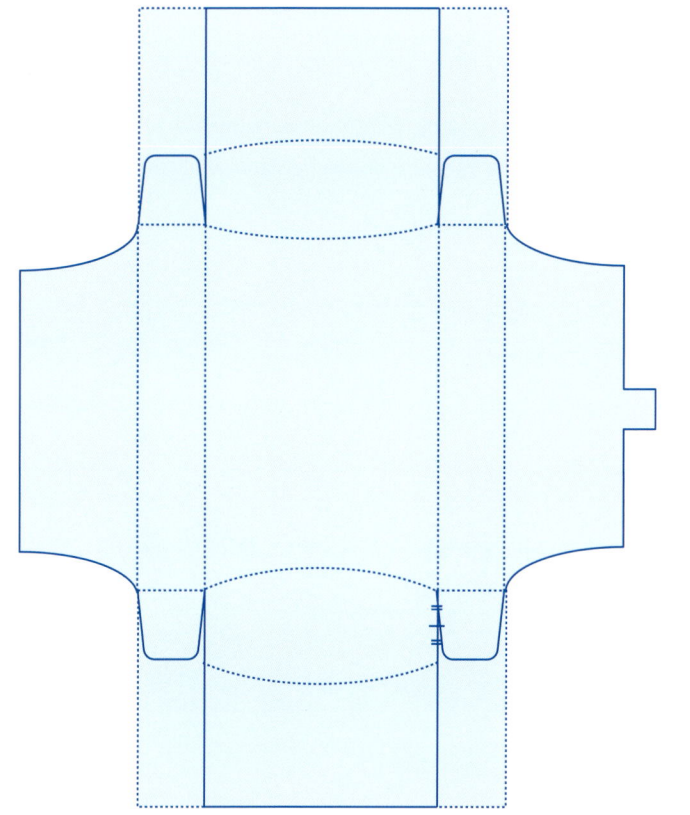

<직선 응용 2>

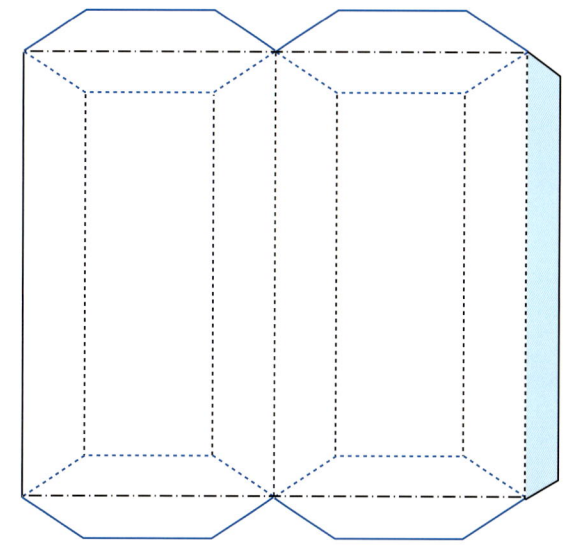

Shopping bag

모양이 다양한 봉투들은 쓰임새가 많다. 선물할 물건의 모양이 일정하지 않을 경우 특별한 봉투를 만들어 보기 좋게 선물하여도 좋고 자질구레한 물건들을 담아 벽에 걸어 두어도 모양이 있다.
여성스러우면서도 세련된 종이 가방이나 아이들 옷을 담아 선물할 수 있는 종이 봉투, 자연 소재를 이용하여 액세서리 등을 담아 선물할 수 있는 실용성 있고 깜찍한 봉투 등 포장을 대신할 수 있는 것을 만들어 보자.

1 envelope variation
다양한 **봉투 제작법**

2 open-close form
다양한 모양의 **봉투 만들기**

3 unique shopping bag
유행 감각 **쇼핑백**

* 봉투 제작법은...

케이스가 없는 포장에는 대부분 캔디 모양의 포장으로하는 경우가 많다. 자칫하면 성의가 없어 보이므로 선물의 생 김새에 따라 깔끔한 봉투식 포장을 이용하는 것이 좋다.
일정한 간격으로 주름을 잡아 원하는 색상과 리본으로 다양하게 장식할 수 있는 봉투를 직접 만들어 내용물을 담아 보는 것은 어떨까?

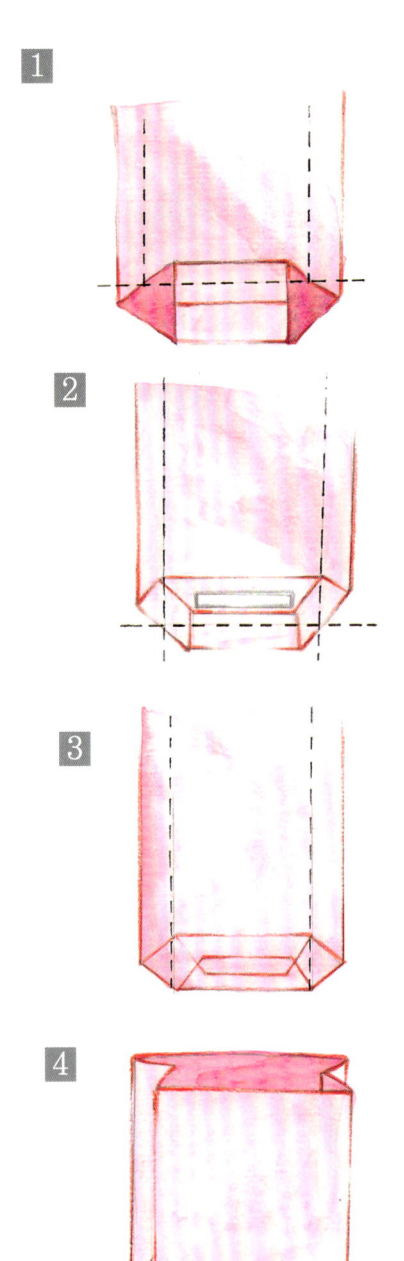

h·o·w·t·o

◀ 좌측 포장법

1 포장할 종이와 크기를 정확하게 측정한 다음 그림과 같이 포장한다. 그림은 쇼핑백의 밑면이다.

2 한쪽 방향에 양면 테잎을 붙여 밑면을 단단히 고정시킨다.

3 점선 부분을 접어서 안쪽으로 접어 넣어 완성한다.

▶ 우측 포장법

1 밑면은 같은 방법으로 포장하고 윗부분에 모양을 내는 방법으로 리본이 들어갈 두께만큼 시접을 접는다.

2 3 두번 정도 접은 다음 리본이 한쪽 방향에서 만날 수 있도록 하고 봉투의 윗부분을 테잎으로 고정시킨다.

4 양쪽 모두 리본으로 장식한다.

5 마지막 시접은 안쪽으로 집어넣어 포장을 완성한다.

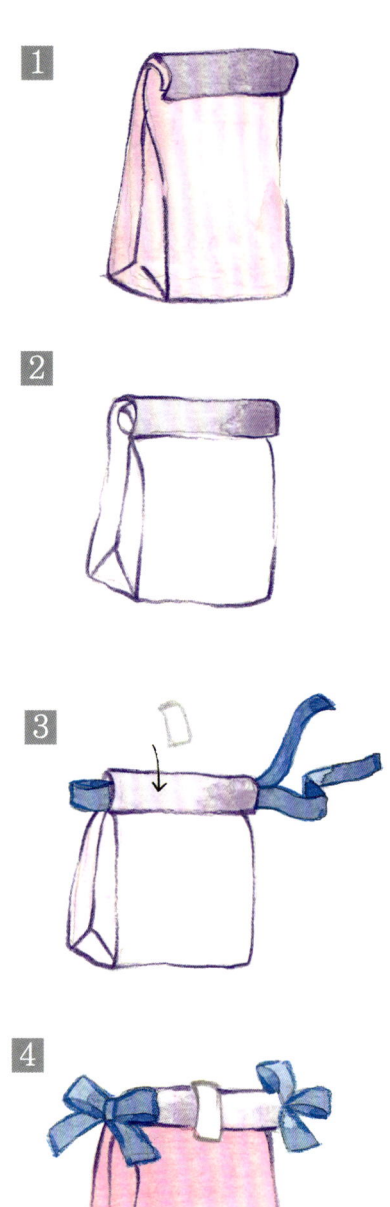

* 다양한 형태의 마무리

다양의 형태의 봉투는 선물의 생김새에 따라 측면의 폭을 측정할 수 있고, 모래 주머니 같이 아랫부분에만 폭을 주는 것등 색상과 재질을 다양하게 이용하여 봉투를 만들 수 있다.

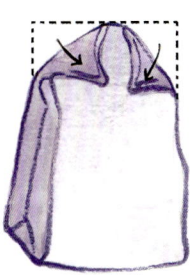

h·o·w·t·o

◀ **좌측 포장법**

1 머메이드지와 같이 두꺼운 종이를 사용하여 봉투의 밑면을 먼저 접고 양쪽의 끝은 안쪽으로 접는다.

2 접은 시접의 반대 방향으로 한번 더 접어준다.

3 위,아래 접은 선을 정마름모꼴이 나오게 접어준다

4 양면테잎으로 무게를 지탱할 수 있게 고정한 다음 윗부분을 장식한다.

◀ ▶ 좌/우측은 만드는 과정이 비슷하나 모양을 내는 방법이 서로 다르다. 원하는 모양대로 직접 쇼핑백을 만들어 보자.

* unique 쇼핑백 만들기

h·o·w·t·o

1 폭과 길이를 정해서 그림과 같이 제도한다.

2 맨 위의 안으로 접어 넣는 부분의 바닥은 두꺼운 종이를 약간 작은 크기로 잘라 덧대어 주고 시접을 붙인다.

3 A와D, B와C에 펀치로 구멍을 뚫는다.

4 적당한 길이의 로프로 상자안에 로프를 넣고 한쪽 끝은 모아 매듭으로 고정한다.

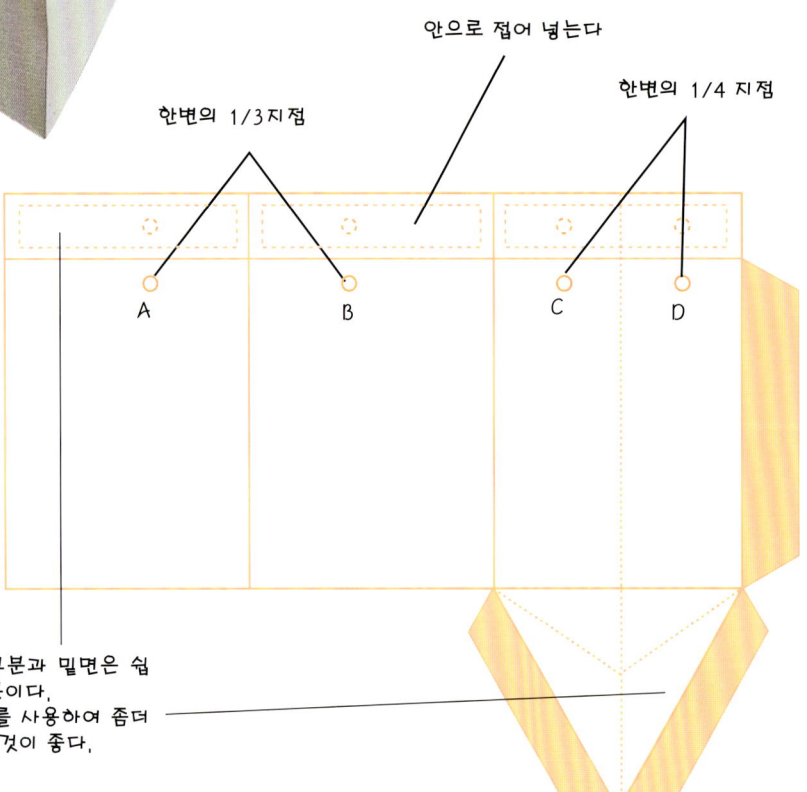

한변의 1/3지점

안으로 접어 넣는다

한변의 1/4 지점

A B C D

쇼핑백의 손잡이 부분과 밑면은 쉽게 손상이 가는 부분이다. 두꺼운 하드보드지를 사용하여 좀더 단단하게 받쳐주는 것이 좋다.

* Basket 형태의 쇼핑백 만들기

쇼핑백이란 평평한 바닥과 측면의 이음새, 두 개의 손잡이를 가진 봉투 형식이다. 이 봉투는 원하는 이미지나 계절감에 맞춰서 디자인을 변형할 수 있고 물건을 운반하는데에도 편리하여 쉽게 제작할 수 있다.

Part 3

Making box

다양한 형태의 상자 만들기

상자를 제작 한다는 것은 선물 형태에 구애 받지 않고 깔끔하게 멋을 부려 볼 수 있다는 것이다.
기존에 흔히 사용되고 있는 형태에서 벗어나 과감한 감각과 센스를 선물 포장에 그대로 옮겼다. 상자 제작 방법은 전형적인 포장대신 직접 종이 위에 제도하고 오려서 제작해 보는 것이다.
선물 포장에서 상자 제작은 우리가 찾는 샵에서는 쉽게 찾을 수 없는 모양의 상자들을 소개한다.

삼각 상자 만들기 / 사각 상자 만들기 / 오각 상자 만들기 / 육각 상자 만들기 / 다양한 형태의 상자 만들기

Making box

선물의 크기가 다양하여 박스에 담아 포장할 때 내용물이 박스보다 더 크거나 아니면 너무 작아 난감해 할 때가 있다. 이럴 땐 두꺼운 종이를 이용하여 직접 만들어서 사용해 보는 것이 좋다. 만드는 치수와 방법을 알면 간단히 제작되는 상자들은 하드보드지를 이용하거나 색상과 문양이 있는 골판지를 이용하면 따로 포장하지 않아도 되는 장점이 있다.
다양한 모양과 더불어 리본으로 장식하면 완성되는 상자만들기.

1 basic style
   쉽게 만들 수 있는 **낮은 삼각 상자 / 낮은 사각 상자**
   오각 상자 / 육각 상자

2 변형 style
   여러 형태의 **변형 상자**

* 낮은 삼각 상자

(기본형)

(응용형)

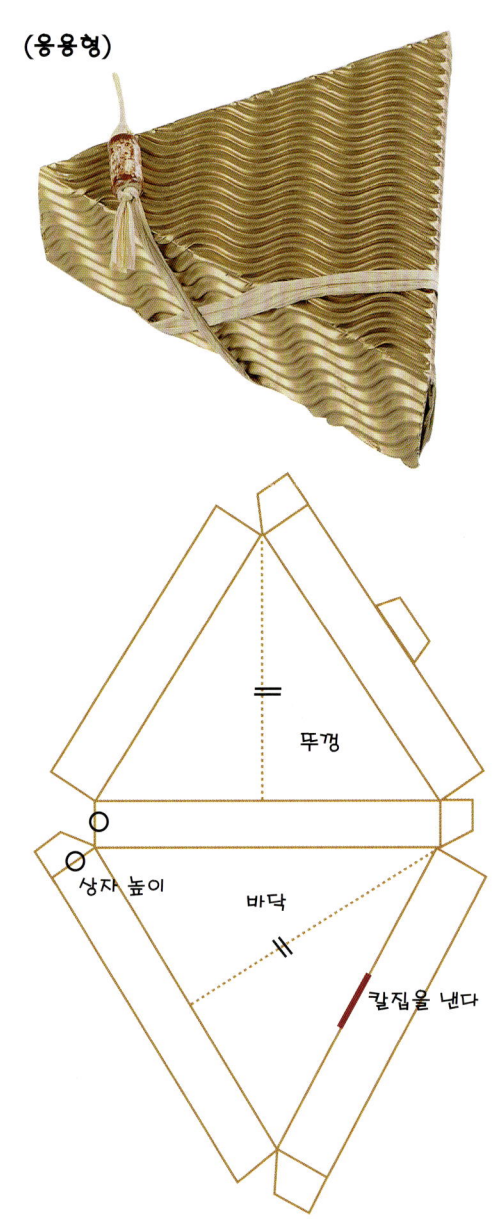

h·o·w·t·o

1 정 삼각형을 내용물 크기에 따라 확대하거나 축소시켜 골판지 위에 그린다. 제도 할 때는 세 변의 길이가 같도록 그리고 높이 부분을 결정하여 직각으로 올려주고 시접 부분을 그려준다.

2 1을 자른 다음 칼등을 이용하여 접히는 부분을 한번씩 그어주면 쉽게 접힐 수 있다. 높이와 시접 부분을 칼등으로 한번씩 눌러준다.

3 뚜껑은 바닥 보다 종이 두께의 여유분을 주고 제도한다.

4 접힐 부분을 칼등으로 눌러주고 시접을 글루건으로 고정한다.

5 기본형의 경우 상자의 뚜껑과 바닥이 따로 분리되므로 바닥은 뚜껑보다 골판지의 두께 만큼 가감해서 제도하면 완성된다. (상자는 확대하는 비율에 따라 얼마든지 원하는 크기로 만들 수 있다.)

* 낮은 사각 상자

(기본형)

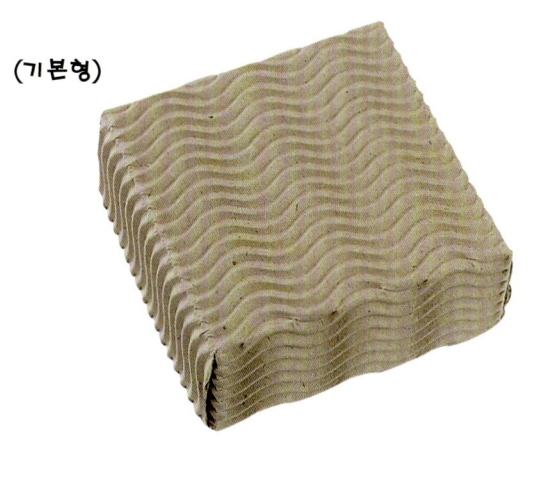

상자를 만들 경우에는 종이의 두께를 생각하지 않고 어떤 이미지 발상만으로 목적과 형태에 대한 시행착오를 거듭해서 요령을 터득하게 된다. 엷은 종이를 사용할 경우 방안지를 이용하면 눈금과 두께를 쉽게 조정할 수 있다.

(응용형)

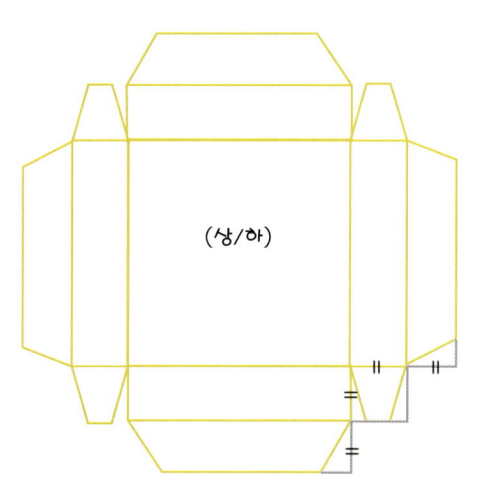

(상/하)

(뚜껑)

D 의 1/2

잘라 낸다 높이

종이 두께 (2~3mm)

시접

D

(바닥)

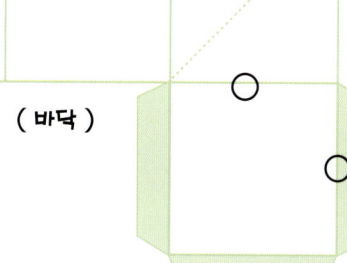

h·o·w·t·o

1 그림과 같이 상자를 제도 한다.

2 상자의 뚜껑은 종이 두께 만큼 크게 사각형으로 제도한다.

3 상자를 접는 부분은 칼등으로 눌러서 접는다.

4 접힌 시접을 글루건으로 살짝 붙인다.

71

* 오각 상자

(기본형)

(응용형)

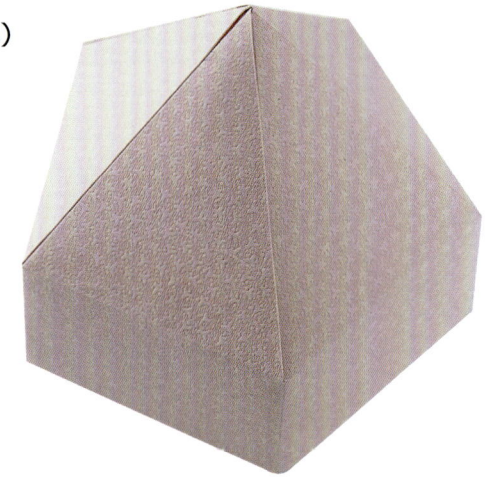

(한변의 길이로 5각형 그리기방법)

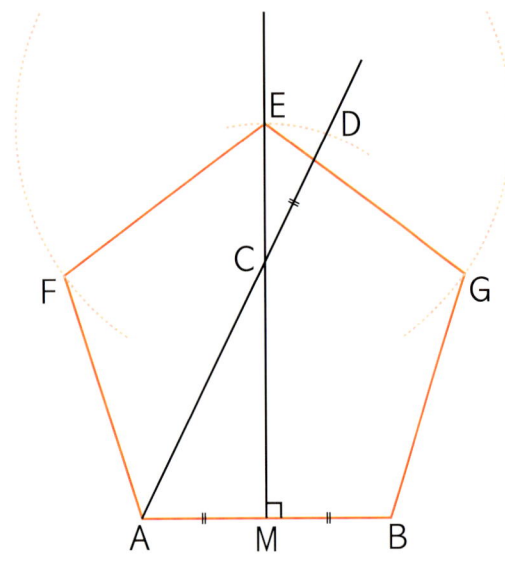

* 상은 하보다 크게 제작한다.

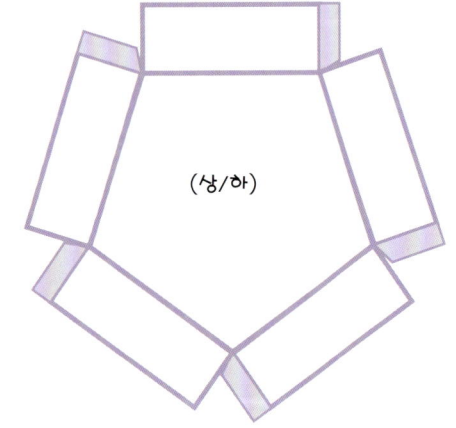

(뚜껑)

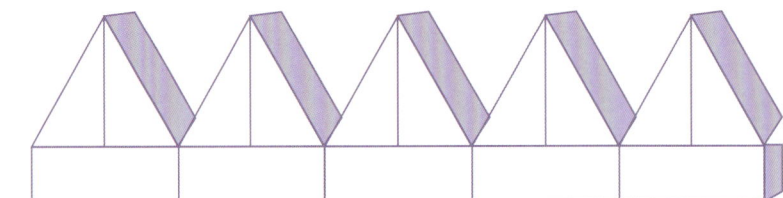

▲ h·o·w·t·o

1 직선을 그리고 직선을 반지름으로 하여 원을 그린다. 직선을 중심으로 72°로 각을 두어 오각형을 그린다.

2 한변의 상자 높이와 시접을 그린다.

3 상자의 뚜껑은 사용하는 종이의 두께 만큼 크게 그린다.

▶ h·o·w·t·o

1 A,B의 수직 2등분선상에 연장선을 그린다.

2 A,B=C,M의 길이는 같다.

3 A에서 C를 통과하는 연장선을 그린다.

4 C를 기점으로 A,M(2/A,B)의 길이로 D를 정하고 M,C를 지나는 연장선에서 E를 구한다.

5 E를 기점으로 A,B의 길이만큼 원을 그려 F,G를 각각 구한다.

6 A,F와 B,G는 자동산출 된다.

* 육각 상자

(기본형)

(응용형)

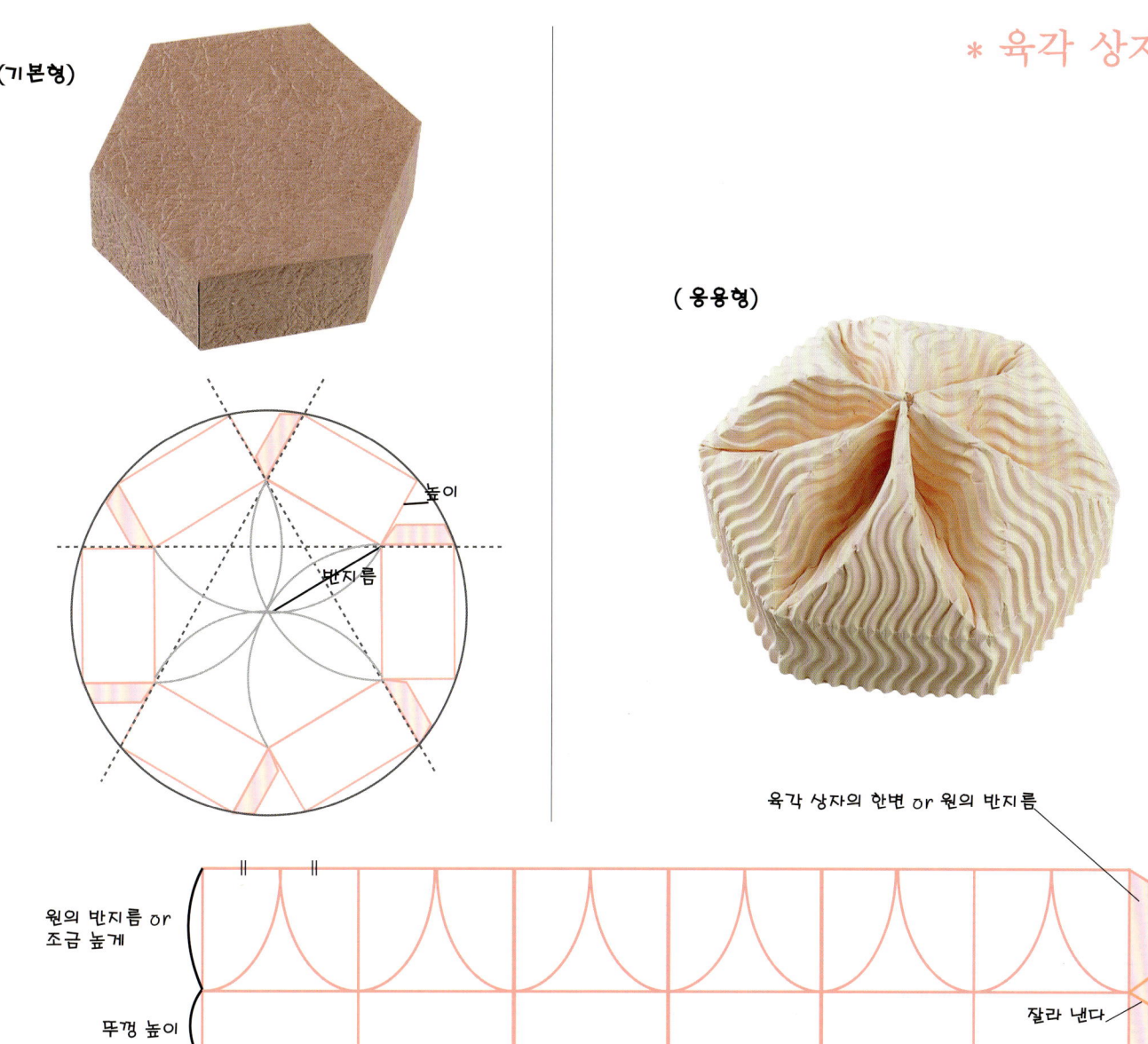

(기본형 & 응용형의 바닥)

기본형의 뚜껑은 바닥보다 2~3mm 크게 제도 한다

h·o·w·to

1 제도 할 크기의 지름으로 원을 그린다.

2 1의 원의 호를 콤파스로 6등분 한다.

3 선을 연결하여 6각형을 완성한다.

4 상자의 높이를 더한 길이를 원축에 콤파스를 놓고 바깥 원을 그린다.

5 2번에서 6각형의 연장선을 그린다.

6 시접 부분을 그린다.

* 뚜껑과 바닥의 크기가 같은 상자

상자는 다양하게 선물 포장을 할 수 있을 뿐만 아니라 소품을 담아 둘 수 있는 기능으로 요긴하게 쓰여질 수 있다. 면과 높이가 따로 분리되어 제작되는 상자 같은 경우에는 만들기 쉽고 다양한 모양으로 상자를 만들 수 있다. 내손으로 만들고 직접 꾸며 보는 즐거움을 더해보자.

h·o·w·t·o

1 상자의 바닥과 뚜껑이 같은 모양은 상자의 모양을 같은 크기로 2장 만든다.

2 상자의 높이×길이+여유분을 제도한다. (뚜껑의 턱이 있을 경우에는 상자의 높이+뚜껑의 높이×길이+여유분을 1장 제도한다.)

3 상자를 글루건으로 붙일때는 글루건의 온도가 일정하고 같은 양이 고르게 나올때 바닥은 상자모양대로 수직으로 세워 붙인다.

4 턱을 만들땐 상자의 높이를 붙인 안쪽으로 고르게 덧붙여서 만든다.

5 뚜껑은 바닥과 같이 붙여서 완성한다.

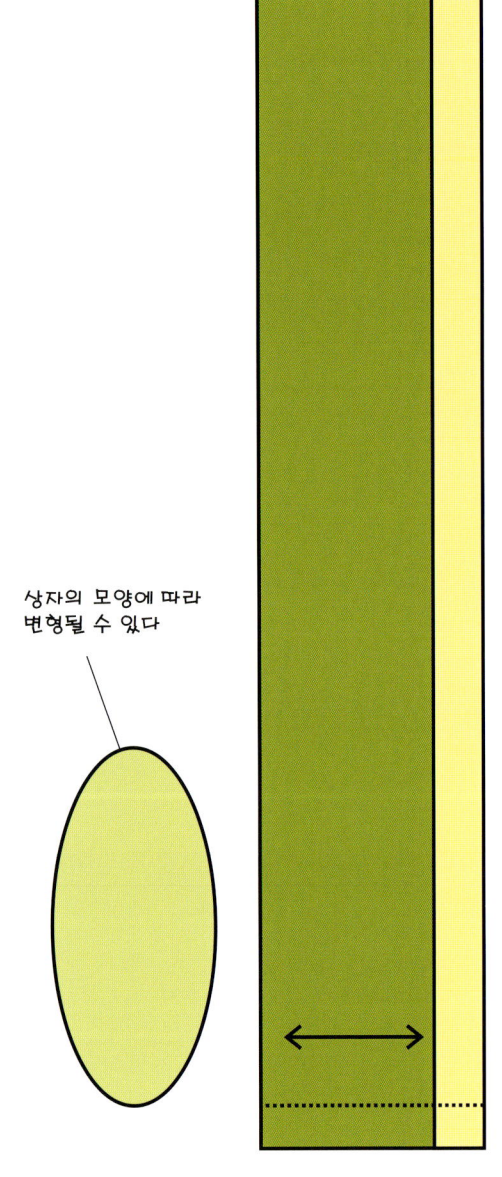

상자의 모양에 따라 변형될 수 있다

* 사각뿔 상자

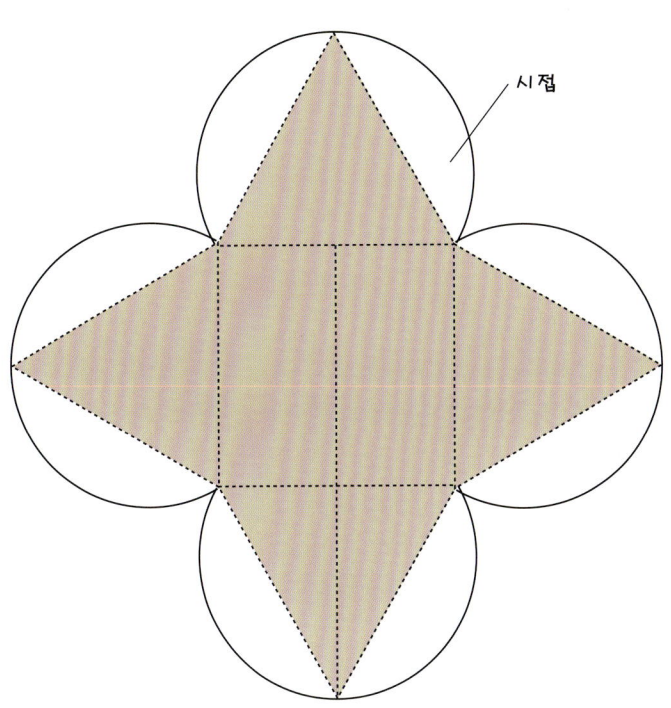

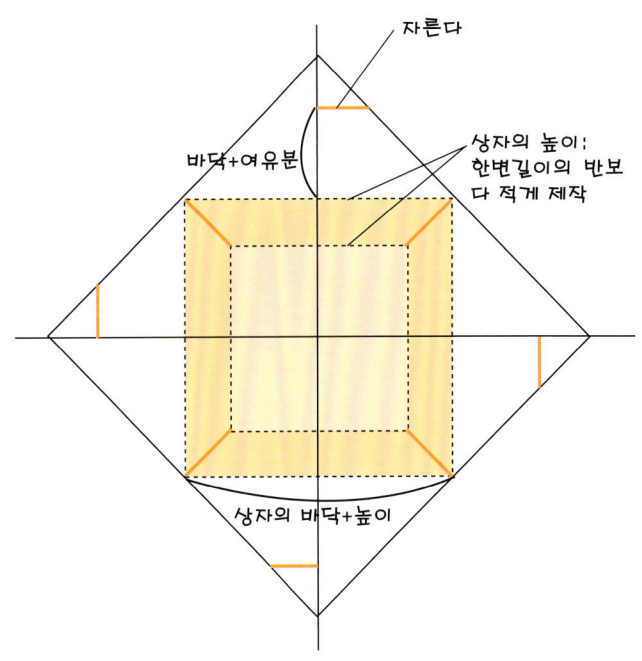

h·o·w·t·o

1 원하는 크기의 정사각형을 그린다.

2 한변을 밑변으로 1/2보다 약간 높게 높이를 잡아 삼각형을 그린다.

3 삼각형을 낀 바깥원을 그려서 시접으로 접는다.

h·o·w·t·o

1 일반 포장지나 두꺼운하드보드지로 그림과 같이 사각뿔을 제도한다.

2 칼등으로 눌러주고 제도를 잘라낸다.

3 모서리에 자른곳을 이용해 맞물려서 고정한다.

Part 4

A seasonal variation

계절감이 두드러지는 시즌별 포장법

계절별 선물포장의 핵심은 컬러. 무채색에서 벗어나 컬러풀하고 다채로운 톤의 컬러 경향이 여전히 밝은 색상 위주로 부상중 이다. 선물포장에서도 컬러는 가장 중요한 포인트, 동일색상일 경우 편안함이나 단순함으로, 유사색 톤 색상일 경우 무난하거나 고급스러움으로, 보색일 경우 화려함으로 표현될 수 있다. 포장지와 리본, 액세서리의 적절한 배합은 편안한 느낌을 갖게 하고 보기에도 훨씬 돋보일 수 있다.
시즌별 포장에서는 특정한 유행색을 골라내기보다는 더욱 다양해진 컬러를 표현하는 것과 그 시즌에 맞게 포장하는 방법들을 제시해 보았다.

발렌타인데이 선물 포장 / 어린이날 선물 포장 / 어버이날 선물 포장 / 추석 선물 포장 / 크리스마스 선물 포장 / 웨딩 선물 포장

WEAVING TECHNIC WITH HEART
Valentine's Day

리본을 짜는 방법도 생활 속에 적용하면 쉽고 간단하게 로맨틱한 포장법을 완성할 수 있다. 어숫하게 엮은 리본기법, Weaving 테크닉을 통해 본 발렌타인 선물포장

베처럼 짜서 만드는 weaving 기법은 리본이나 포장지를 이용하여 어숫하게 모양을 만들어 사용하는 기법으로 종이의 넓이를 측정해서 나눈 다음 자르거나 찢은 종이를 이용하여 사용할 수 있다. 직선자의 표시를 사용하여, 맨 위로부터 약 1㎝ 아래에서 시작하여 가장자리까지 종이를 자른다. 옆선과 수직선의 각도와 넓이에 주의해야한다. 무지, 색이 있는 종이 또는 형태가 있는 종이도 사용할 수 있다.

선을 따라 자르면, weaving하기에 더 용이할 것이다. 딱딱한 종이 위에 잘라지지 않은 부분을 테이프로 붙인다. 다른 종이를 직선으로 잘라서, 구부러트려 결의 십자방향으로 끼워 넣는다. 3~4장의 긴 종이를 끼워 넣은 후에 날실의 종이가 아래쪽으로부터 벌어지기 시작할 것이다. 남아있는 종이를 자름으로 평형을 유지할 수 있다. 처음의 2~3개의 씨실은 고정이 될 것이다. 종이 이외에 리본을 사용할 경우에도 같은 방법으로 제작할 수 있다.

◀◀ 시중에서 판매하는 글루건에도 여러 색상이 있다. 두툼하게 모양을 내거나 예쁜 글씨로 새겨 넣으면 로맨틱하고 특별한 악세서리로 완성. 심플한 포장에도 한결 멋을 낼 수 있는 방법이다. 테두리에도 색상 글루건으로 장식하여 사랑스런 멋을 강조했다. 일정한 틀 없이 약간은 비뚤어지는 것도 매력, 간단하면서도 쉬운 아이템이다.

◀ 리본으로 엮어 만든 원통 포장
뚜껑이 있는 원통 상자는 포장지를 이용하여 전체적으로 감싸는 것도 좋지만 리본을 어숫하게 엮어서 모양을 내보는 것도 재미있다.

뚜껑이 있는 빈 유리병, 혹은 먹고 남은 빈깡통 같은 것들은 쓰임새가 많은 재활용품이다. 낡고 모양새가 나지 않는 것은 예쁜 포장지를 이용하여 전체적으로 감싼 다음 글루건이나 액세서리들을 붙이면 쓰임새가 많다. 액세서리 함으로 사용할 수 있으며 한 공간을 장식할 수 있는 인테리어 소품으로도 적당하다. 단 장식용으로 간직할 때에는 한두 개의 병만으로는 멋이 나지 않으므로 크기가 다른 여러 개의 병을 만들어 세팅해보는 것이 좋을 듯 하다.

◀ 액세서리를 담을 수 있는 하트 박스는 시중에서 흔히 구입할 수 있는 상품이다. 좀더 세련된 모양을 원한다면 벨벳으로 감싼 상자를 리본으로 장식해 보자. 어숫하게 나비모양으로 묶은 리본이 앙증맞고 사랑스러워 보인다.

▶▶ 상자의 윗면 또는 전체적인 장식용으로 살짝 곁들이는 리본 장식.
리본은 많지만 특별한 문양이 있는 리본을 만나기란 그리 쉽지 않다. 그럴 때 가끔 하나씩 사 모은 것이 요긴하게 쓰일 때가 있다. 문양이 있는 리본과 약간은 비치는 리본 등 두 가지를 이용하여 선물포장을 해보자. 한가지의 리본을 사용했을 때 보다 세련된 느낌이 난다. 가끔은 굵기가 가는 리본을 안쪽에 배치하여 남다른 리본 장식을 해보는 것도 좋을 것이다.

선물은 그 자체로도 받는 이의 마음을 기쁘게 하지만 받는 이의 취향을 고려한 센스나 작은 장식에도 주는 이의 정성을 느끼게 한다. 선물의 분위기를 돋보이게 해주는 상자 제작이나 포장을 직접 원하는 사이즈에 맞게 제작해 보자.

heart shape papers

PAPERS TEAR IS FUN
Children's Party

받는 것 못지 않게 주는 기쁨도 적지 않다. 포장 속의 선물을 더욱 빛나게 해줄 Wrapping. 쉽게 구할 수 있는 작은 소품들을 이용하여 아이들도 직접 따라할 수 있는 포장법 이라면 더욱 좋다. 약간의 아이디어를 보태면 독특한 선물 포장이 될 것이다.

Cutting 기법을 성공적으로 사용하려면 무엇보다 날카롭고 좋은 날에 있다. 이 기법에서 무시해선 안 될 것들은 항상 고무판을 사용하고 자신의 앞쪽으로 절대로 자르지 않는다. 또한 사고를 막기 위해 반드시 자 위에 손을 올려놓는다. 더욱이 아이들과 함께 작업을 한다면 이 점을 더욱 유의 시켜야 할 것이다.
Cutting 기법을 사용할 때 대부분의 사람들이 부정확하게 자르는데, 정확하게 할 필요가 있다. 깔끔한 선이 이 기법에서는 무척 중요하기 때문이다. 종이를 판에 놓고 직선 자로 고정을 시킨 다음 칼날을 비스듬한 각도로 일정하게 유지시켜주고, 자른 후에 자를 바로 움직이지 말아야 한다. 그렇지 않을 경우 두 번 작업을 해야 할 경우가 있을 수 있다. 찢는 형태의 자연스러움을 이용할 때에는 Tearing 기법을 사용한다. 이 기법은 손으로 종이를 찢어가며 모양을 만들어 내는 기법으로 자연스러운 모양을 가지며 기대하지 않게 얽힌 형태를 얻을 수 있다. 규칙적인 선을 만들기 위해서는 종이의 결을 따라 찢는 것이 좋으며 반대로 종이의 뒷면을 찢으면 자유롭고 너덜너덜해진 효과를 얻을 수 있다.

▲ 울퉁불퉁한 아이들의 장난감을 쉽게 포장할 수 있는 포장법. 두꺼운 구김지나 방한지를 이용하여 사각뿔을 만들고 어슷하게 맞물려주면 완성. 선물의 내용과 어울리는 문양을 Torn 기법을 이용하여 자유롭게 오려붙이면 이색적인 선물포장이 된다.

◀ flat case 기법을 활용한 티셔츠 모양의 박스는 골판지를 활용하여 제작하였다. 정확한 티셔츠 모양을 낼 때에는 Tearing 기법보다는 cutting 기법을 활용하여 사이즈를 정확하게 그리고 반듯하게 오려서 제작하는 것이 좋다. 깔끔하면서도 컬러풀한 조화가 세련 되 보인다.

어린이날의 아이들을 위한 포장에는 Tearing 기법이 제격이다. 어설프고 자유스러운 모양이 순수한 아이들을 닮았다. 고깔 모양을 만들어 아이들의 장식품인 고깔 모자를 만들어도 보고 초콜릿이나 사탕 등을 감싸서 고깔 속에 넣어 선물하는 것도 재미있다.

let's go toy land

아이의 손에 핸드백을 만들어 줘 주자. 가장 좋아하는 핑크 색과 소꿉 놀이도구를 넣을 수 있는 핸드백은 아이의 작은 손가방으로도 제격이다. 작은 리본 하나를 달아 멋을 내기도 하고 달콤한 사탕과 쿠키를 달아 아이들의 눈을 즐겁게 해보자.

◀ 어버이날 선물을 두 가지 준비한다면 하나는 stamping 기법을 또 하나는 그 선물포장과 어울리는 적절한 도구들을 이용하여 비슷한 느낌을 내보는 것도 좋은 방법이다. 나뭇잎과 부드러운 가죽 끈을 포장의 액세서리로 사용 해 보고 심플하면서도 특이한 방법으로 포장을 해 보았다.

▼ 원형의 상자를 주름으로 포인트를 주었다. 굵은 리본에 아이렛 펀치로 구멍을 내고 쉽게 구부러지는 알루미늄 철사를 이용하여 벨트 모양을 갖췄다. 색상은 감색이나 그린의 차분한 색상을 사용하여 문안하면서도 세련된 포장법으로 선물을 포장해 보았다.

STAMPING ON THE PAPER
Parent's Day

어버이날을 위해 직접 만든 포장지에는 stamping 기법을 활용하여 제작해 보았다.

stamping 기법에는 종이는 단색으로 얇고 부드러운 종이를 사용한다. 여러 형태의 도장을 디자인해서 원하는 물감과 잉크로 즉석에서 만들어서 사용할 수 있는 기법이다. 원하는 도안을 쉽게 파낼 수 있는 감자나 고구마 등을 이용하여 도안을 그리고 문양을 내고 싶은 부분을 제외한 나머지를 도려내고 물감을 묻혀서 사용한다. 물감을 사용할 때에는 물이 없게 사용하여야 포장지에 번질 염려도 없고 종이 또한 코팅이 되어있지 않은 것을 사용하여야 문양이 잘 찍혀진다.
문양을 디자인 할 때에는 되도록 단순한 모양을 선택하는 것이 바람직하고 여러 재질의 종이를 곁들여서 디자인하여 stamping 기법의 효과를 돋보이게 하는 것도 좋다.
또한 문양을 직접 만드는 것이 아닌 연근과 수세미 등 특이한 재질을 가진 식물의 조직에 직접 물감을 묻혀 색다른 포장지를 만들어 낼 수 있고, 시중에서 쉽게 구입할 수 있는 문양도장을 이용할 수도 있다.

▶ 파스텔 톤의 단아한 멋을 살려 포장지에 문양을 낸 stamping 기법은 나뭇잎들이 마치 나무에서 떨어지는 것 처럼 문양을 내고 그 잎이 떨어질 새라 끈으로 얽어매어 보았다.
따로 문양을 내고 그것을 텍으로 만들어 입체감 있게 붙이거나 매달아서 장식해 보는 것도 좋다.

가까운 사람일 수록 작은 것에도 소홀해지기 마련이다. 그래서 매번 다가오는 어버이날 준비는 가슴 한 구석이 짠해오지만 그러면서도 선물은 빈약해 보일 때가 있다.
이번 만큼은 좀더 신경을 써서 이것저것 준비해 보았다. 그리고 포장도 좀더 정성스럽게...

with my heart

▲ 엇갈리게 접은 주름위에 단순히 찍어 만든 잎사귀가 입체감을 더 한다. 포장하기 전에 미리 재단하고 어느 곳에 문양이 놓일 것인지 확인 한 다음 문양을 새겨 넣고 포장하는 것이 좋다. 문양의 위치뿐만 아니라 어느 모양이 어떤 색으로 놓일 것인지도 이 기법에서는 중요한 부분을 차지한다.

▶ 모래시계 모양을 포장지에 찍어 서로 다른 색상으로 맞물려 새로운 형태의 디자인을 묘사한 stamping 기법이다.
stamping 기법은 디자인의 모양이 단순할지라도 색상으로 변화를 줄 수 있어 화려함을 더할 수 있는 포장방법이다. 색상을 사용할 때에는 포장지의 색과 리본이나 장식할 색을 고려하여 사용하는 것이 좋고 여러 번 겹쳐서 색을 사용할 때에는 문양이 정확하게 새겨질 수 있도록 주의한다.

가을하면 으레적으로 브라운 계열의 색상을 꼽을 수 있다. 색이 바랜 듯한 아이보리 색상의 보리 잎과 나무에서 떨어져 뒹군 낙엽들 곳곳마다 풍성한 수확을 알리는 가을의 과일들… 내추럴 하면서도 분위기 있는 소품 여러 개를 모아 놓고 공간을 장식해 보는 것도 좋고 하나하나씩 따로 쓰임새에 맞게 장식해 보는 것도 좋다.
소박해서 더 멋스러운 소품들을 선물포장에 이용해 보는 것은 어떨까? 어떤 방법으로 어떻게 사용해야 될지 모르는 아이디어들을 한자리에 모았다. 오랫동안 두고두고 쓸모 있게 사용할 수 있는 제품이다.

DRY BRUSH TOUCHING
Thanksgiving Day

좀더 특별하게 준비하고 싶은 추석 선물포장. 그 어느 때보다 오가는 손길이 분주할 때이다. 정성만 있으면 누구나 쉽게 할 수 있는 감각적인 선물포장 데코레이션. 떨어지는 낙엽과 흔히 구할 수 있는 소품 하나로도 이맘땐 계절감과 더불어 다양한 센스를 마음껏 부려볼 수 있을 때다. 함께 모인 따스한 자리에 온기를 더하는 작은 선물 포장법. 함께 만들어 보는 재미가 즐겁다.

Dry Brush Touching은 말 그대로 붓을 이용하여 물감을 묻혀 원하는 모양을 포장지위에 직접 그리는 기법을 말한다. 포장지의 색상이 연한 것이면 짙은 물감으로, 짙은 색상의 포장지는 연한 물감을 이용하여 다양한 색상의 포장지를 만들 듯 하나밖에 없는 나만의 포장지를 만들 수 있다.

신문지, 흡습지, 그림물감과 붓 등을 준비하면 쉽게 제작할 수 있는 방법으로 포장지의 재질을 고를 때 물감이 잘 마를 수 있는지를 고려하여 선택하고 두꺼운 종이 보다는 적당한 두께의 포장지를 선택하여야 물감이 빨리 마를 수 있다. 종이의 두께와 결에 따라 색상과 물감의 농도가 달라 질 수 있으며 한가지의 색상보다는 여러색을 혼합하여 사용하면 더욱 고급스러운 느낌을 더한다.

◀ 선물이라 할지라도 꼭 상자에 담고 포장을 해야 되는 것은 아니다. 보기 좋은 작은 선물들은 준비하는 사람이나 받는사람 모두 부담이 없어 좋다. 모임을 마치고 집으로 돌아가는 손님들의 손에 하나씩 들려 보내기 좋은 선물포장 아이디어다. 자재 시장에서 저렴하게 구입할 수 있는 작은 토분에 꽃대신 먹음직스런 밤을 담아두고 초핑으로 살짝 감싸 주었다. 현관이나 거실 한쪽 코너에 작은 테이블을 놓고 모임 내내 얹어두면 데코레이션 효과도 크고 돌아가는 손님들의 손에 하나씩 건네보는 것도 좋을 듯 하다. 굳이 포장을 해야 한다면 비닐 포장지를 이용하여 전체적으로 감싼 후 라피아로 장식해 보는 것이 좋다.

디자인을 할 때 는 포장지를 재단하면서 디자인 할 곳을 정하여 적당량의 물감을 팔레트 (palette) 에 준비한 다음(물을 섞지 않는 것이 포장지 위에 입체감이 두드러져 더욱 멋진 장식을 할 수 있다.) 색상의 적당량을 조절하기 위해 신문지를 여러 장 놓고 붓끝으로 물감의 량과 굵기 조절을 한다. 종이에 나타나는 붓의 굵기와 결로 원하는 디자인을 조절해 가면서 그리는 것이 좋다.

natural wrapping

◀◀ 심플하면서도 깔끔한 선물포장에는 항상 기대가 크다. 화려하고 독특한 장식이 아니어도, 또는 덧붙이는 장식이 없어도 자연스러운 느낌은 보기에 편안하다. Dry Brush Touching 기법 대신 소품을 직접 포장지위에 장식품으로 올려보았다. 공간의 허전함을 없애고 이색적으로 보일 수 있는 포장방법이다.

◀ 핸드프린팅의 멋이 담긴 선물포장. 라피아로 처리한 선과 동일한 방법으로 그려 넣은 포장법은 단순한 선물포장에 포인트를 주었다.
장난기 넘치는 의도들과 상상만 했던 익살스러움을 포장지에 그대로 옮겨 생각과 재미를 더하는 것도 너무나 자연스럽다. 손끝에서 새롭게 태어나는 모든 것들에 받는 이는 더없이 즐거운 기쁨이 될 수 있다.

▼ 붓을 이용하여 Dry Brush Touching 기법으로 장식한 선물포장은 붓의 농도와 굵기를 적절히 활용하여 자연스러우면서도 아무장식 없는 선물포장을 가득 차 보이게 하는 특별한 효과를 낸다. 전체적으로 포장을 다 한다음 원하는 모양의 도안을 그려넣고 그 위에 덧칠하면 완성. 자연스러운 멋을 그대로 살린 아이디어가 감각적이다.

GLITTER, SPRINKLE, TINGKLE
Christmas Day

거리에 울리는 캐롤만으로도 마음이 즐겁다. 또한 트리를 장식하거나 사랑하는 이에게 선물할 아기자기한 물건을 고르는 재미 또한 크다. 크리스마스에 선물은 빼놓을 수 없는 규칙처럼 다가온다. 작건 크건 누구에게 줄 것인지에 상관없이 이맘때 받는 선물은 더욱 뜻깊다. 그래서 인지 차가운 공간에 생기와 포근함을 불어넣어 주는 날이 이맘때 보다 더 크게 다가올 날은 없는 듯 하다.

크리스마스를 축하하며 모인 가족의 모임에는 크리스마스의 진정한 의미를 찾을 수 있다. 그 안에 사랑과 포근함 그리고 가족을 배려하는 마음이 넘치는 탓일 게다. 선물이란 모든 이에게 뭔가를 줄 수 있다는 사실로도 가슴이 벅차지만 가족을 위한 손길은 한번씩 더 생각하기 마련이다. 이 특별한 날을 위해 정성을 쏟아 보자. 가족들의 훈훈한 대화가 뜨겁게 이어질 것이다.

▶▶ 크리스마스 트리로 독특한 실내 장식을 하는 크리스마스에는 뭐니 해도 데코레이션이 빠질 수 없다. 크리스마스를 기다리면서 그 전에 미리 준비해준 트리 아래 가족에게 줄 선물을 풀어놓고 크리스마스가 다가오기를 기다리는 것도 흥미진진하다. 하얀 눈 위에 사계절 내내 깨끗한 마음 간직할 수 있길 바라며 은은한 실버톤으로 장식하고 갖가지 선물 보따리를 준비해 두었다. 그것도 직접 포장한 선물로...

▶ 카라멜 포장법으로 상자를 포장하고 그 위에 골판지를 말아 감싸고, 그 위에 약간의 얇은 아연을 감싸 전체적으로 라피아로 고정시켰다. 뒷면에서 글루건으로 고정시키되 무게에 의하여 흘러내리지 않도록 단단히 고정시키는 것도 잊지 말자. 어떻게 포장하고 장식해야 될지 고민일 때 여러 개의 포장지를 겹쳐서 사용하는 것만으로도 특별한 포장법이 완성된다. 이때 색감만 잘 고려한다면 멋진 포장법이 완성될 수 있다.

▲ 크리스마스의 트리에 매다는 방울 등은 선물포장에 멋을 연출하기 위해 준비해두면 좋은 아이템. 상자에 리본만 달자니 왠지 허전하고, 그냥 두기에는 밋밋하다. 그렇다면... 흔히 사용하는 트리 장식품 등을 이용하여 선물의 중앙에 떨어지지 않도록 고정시킨다. 끈 리본으로 포장된 선물을 한번 묶고 오너먼트를 달면 색다르고 보기 좋은 포장이 된다.

시선과 손끝을 즐겁게 만들어 주는 시즌 그것은 겨울이 갖는 매력이다. 다양한 선물들이 거리마다 즐비하고 그래서 준비하는 손길 또한 분주하다. 하얀 순백색이 주는 깨끗함과 더불어 다시 새로운 계획을 세워볼 수 있는 날.
하얀 색 포장지를 이용하여 정성스럽게 독창적인 발상으로 시원스러움을 강조해 보았다.

▶▶ 단순한 포장법이지만 색지를 겹치는 작은 아이디어만으로도 얼마든지 색다른 느낌이 살아난다. 여기에 작은 장식 방울을 덧붙여 앙증맞은 느낌까지 더했다.
굳이 차가운 겨울을 녹이기 위해 따뜻한 색감을 강조하기보다는 겨울에 느낄 수 없는 조개 껍질 장식도 이색적으로 다가온다. 차가운 겨울을 표현하듯 실버톤으로 통일시키고 리본대신 철사 망으로 대신하였다. 철의 딱딱한 느낌이 있어 손으로 자유롭게 구부려주면 원하는 모양을 낼 수 있다.

▼ 하얀 눈이 내려와 앉듯 깔끔한 포장지 위해 하트 문양이 돋보인다. 은색 가루를 이용하여 장식한 Gilder 기법. 원하는 모양을 그리고 풀을 이용하여 하트 본 위에 칠한 다음 전체적으로 은색 가루를 꼼꼼하게 붙여 털어 내면 완성. 하트 주위에 레이스 문양을 덧붙여 단조로움을 피했다.

▶ 작은 유리 방울 위에 Gilder 기법을 활용하여 가루를 뿌려 장식 하였다.

make a gift

금, 은 가루를 뿌려 모양을 낸 Gild 기법은 가루를 어떻게 붙이느냐가 중요하다. 깔끔하면서도 접착력이 강한 풀을 사용하되 지저분하지 않도록 풀이 골고루 분포되게 제작하는 것이 좋다.
접착제로는 아크릴 바인더나 접착력이 좋은 양면 테잎을 사용하는 것이 좋으며,(목공용 본드는 표면이 매끄럽지 못하며 모형주택용 안료는 포장 디자인엔 부적절하다.) 본의 모양을 그대로 사용할 수 있도록 정확하게 붙이는 것이 중요하다.

PIERCING
Wedding Day

Piercing 기법은 신비스러운 분위기를 연출하는 포장법에는 가장 적절한 기법이다. 특별히 억지스런 장식보다는 포장지의 느낌을 그대로 살릴 수 있는 방법이고 심플하고 깔끔한 것이 수줍은 듯한 신부의 느낌을 닮았다. 리본이나 액세서리 등도 되도록 깔끔하게 장식해보는 것은 어떨까?
웨딩 선물 또는 사랑하는 사람에게 마음을 전하려할 때 사용할 수 있는 포장법을 소개한다.

Piercing 기법을 활용할 때에는 뚫린 쪽이 더욱 또렷해 보이는 효과가 있으므로 포장지에 밑그림을 그리거나 뚫는 방향을 잘 선택하여야 좋은 효과를 얻을 수 있다. 박스 포장지의 크기를 먼저 정한 다음 본을 뜨고 정확한 위치를 정한다음 모양을 내는 것이 좋으며 리본으로 장식할 때에는 박스를 전체적으로 두른 리본보다는 보우를 먼저 접은 후 박스 위에 붙이는 것이 보우를 더욱 풍성하게 보이게 한다.

바늘로 구멍을 냄으로써 종이에 질감의 변화를 극적으로 나타낼 수 있는 기법이다. 구멍이 뚫린 종이의 돌출부분에서 생기는 그림자가 흥미 있어 보이며, 전통적으로 주석에 구멍을 뚫어서 내는 것과 같은 역광효과를 낼 수도 있다.

Piercing 기법에서는 바늘 또는 코사지 진주 핀, 돗바늘, 펀치, 양재용 루울렛 등이 사용된다.

특별히 효과적이기 위해서는 hole punch(구멍 펀치)를 leather(인조가죽)에 일반적으로 이용하고, 더 가장자리에는 돗바늘이 적당하며, 심지어 pencil(연필)도 괜찮다. 담요나 펠트 같이 표면이 부드러운 곳에 종이를 얹고 작업을 하면, 반대쪽에 더 뚜렷한 질감을 얻을 수 있을 것이다. 철망을 이용하면 모눈 종이 대용으로 이용할 수 있다.

아코디언처럼 주름을 잡는다면 hole punch나 paper punch로 규칙적인 모양을 낼 수 있으며, 여러 장의 종이를 겹쳐도 같은 효과를 얻을 수 있다.

piercing technic

웨딩의 Piercing 기법은 얇은 종이에 파스텔 색이나 흐린 색상의 포장지를 사용하면 가벼워 보이는 느낌이 있으므로 약간 두꺼운 종이를 사용하면 더 뚜렷해 보이는 효과가 있다. 그렇다고 해서 너무 두꺼운 종이를 사용했다가는 정작 포장을 할 때 접히는 선이 매끄럽지 못할 경우가 있으니 유의해야 할 것이다.

Piercing 기법은 단순하기는 하나 많은 시간을 요하는 작업이니 포장을 하는데 어느 정도의 시간이 필요하다. 그러나 정성을 들이는 만큼 그 효과는 크다.

◀◀ 화려한 리본으로 장식한 웨딩 포장. 특별한 날, 기념일에는 무엇이든 화려해지려는 경향이 있다. 하트 모양의 상자 속에 기념될 만한 작은 선물을 세팅하고 클래식하면서 멋과 낭만이 느껴질 수 있도록 리본으로 장식하니 섬세함과 화사함이 잘 어우러져 풍성한 선물포장이 완성되었다. 고급스러운 리본과 섬세한 디자인이 돋보이는 포장법으로 자칫 지저분해 보일 수 있는 부분을 리본으로 적절히 조절해 가면서 보우를 상자 위에 고정시키는 것이 좋다.
웨딩 포장에도 좋지만 발렌타인데이나 크리스마스, 사랑스러운 연인을 위해 정성스럽게 준비해 보자.

◀ 포장지 위에 Piercing 기법을 직접 활용하는 것도 좋지만 다른 색의 종이를 이용하여 덧붙이는 방법도 이색적이다. 포장지의 크기를 정확하게 제도할 수 없거나 새겨넣을 문양이 크고 화려하다면 이런 방법을 사용해 보는 것도 문안할 듯 하다. 디자인할 무늬가 계획되지 않으면 좋은 효과를 볼 수 없으므로 미리 밑그림 작업을 해두는 것도 좋겠다.

▲ 흰색 골판지로 상자를 제작한 후 리본과 액세서리, 비드를 이용하여 장식한다. 골판지를 이용하여 상자를 제작할 경우에는 정확한 사이즈와 비율을 측정하는 것이 무엇보다 중요하다.

Paper Lecture Info

합리적으로 일정한 목적(시대변화, 사회환경)을 위해 창조하려는 계획하의 예술적 형식의 아름다움과 더불어 고객이나 사용자로 하여금 사용감, 촉감의 만족을 부여하여 입체적 조형과 평면적인 그래픽의 미의 결부로 예술적 가치를 부가시키는 작업이다.

포장 : 일정한 내용물을 담고 있는 상황 (containing the product)
　　　일정한 형태를 감싸고 있는 현황 (wrapping the product)

〈포장과 관련된 용어의 의미〉

* Wrap : 물건을 씌운다.
* Pack : 짐 꾸러미를 싼다.
* Packing : 메워서 집어넣는 행위.
* Wrapping : 두르거나, 감싸거나 포장하는 행위
* Packaging : 일정한 형태로 꾸며진 상태
* Package design : 일정한 목표를 지닌 포장의 형태로 입체적, 시각적인 목적이 가미된 형상
* Wrapping design : 장식적인 목적을 포함한 포장 디자인

우리 문화 속의 포장 디자인

1. 가마니 : 쌀, 소금, 연장, 생활용 품의 보관 및 운반이 목적
2. 달걀꾸러미 : 둥근 형태, 새둥지
3. 대바구니 : 과일, 음식
4. 항아리 : 발효 식품
5. 도자기 : 액체, 술, 물병, (보관 운반이 용이하다.)
6. 나무포장 : 무거운 물건, 곰팡이, 세균에서 보호, 수명연장
* 자개를 붙여 장식하고 선물의 가치를 높여 아름다움과 정성을 표현 한다.
7. 한지 : 우리 한지는 지질이 부드럽고 질겨 오랜 보관이 용이하고 환기와 통풍이 잘 되어 인기가 많다.
　　　　글씨, 그림 그리고 포장에 이용
* 바느질 도구함
* 반짇고리
* 담배 쌈지
* 한약재 포장
* 씨앗 포장

* 한지는 무엇인가?
　한지는 중국의 華지와 일본의 和지와는 다르다. 닥나무 껍질을 주원료로 사용하고 손으로 뜨는 수초지를 말하며 우리 나라에서 제조되는 종이를 말한다. 종이의 어원은 닥나무 껍질인 저피(楮皮)에 어원을 두고 저피→조비→조희→종이로 변했다.
　즉 종이는 한지의 의미와 가깝다. 한지의 수명은 1000년 이상 보존성이 뛰어난 영구 가능한 서적, 문서에 활용하기 좋은 우리의 종이이다.
8. 지관포장 : 나무상자 이상으로 튼튼하고 장기간 보존하는 제품(녹차 등)이나 선물용 포장으로 주로 쓰인다.
9. 보자기 포장 : 물건을 싸거나 포장해서 들고 다니는데 쓰였다. 물건을 묶거나 표면을 덮는 용도로 사용했던 생활용품이며 포장이다. 최소한의 공간을 차지하며 보관 관리가 용이하다.

종이의 역사

"파피루스" – 이것은 3~4천년 전 Papyrus라는 식물의 외피를 얇게 벗겨 만든 것으로 펄프로 만들어지지 않아 엄밀한 의미에서 종이라 할 수 없으나 종이와 매우 가까운 기록지라는 데 큰 의미가 있다.

"체륜의 종이" – AD 105년 중국의 체륜이 인피 섬유와 넝마 등을 원료로 하여 만든 종이가 최초의 종이로 알려져 있으나 최근에는 논란의 대상이 되고 있다. 중국의 제지 기술은 우리 나라로, 그리고 우리 나라에서 일본, 중앙 아시아와 멀리 유럽과 신대륙으로 전파되었다. 우리 나라와 일본으로 전래된 제지 기술은 제지 원료와 그 첨가제를 개량하는 전동의 수공업에 머물렀으나 유럽과 신대륙에 전래된 제지기술은 15세기경에는 기술이 개량되고 생산 규모가 커져 전

래 당시와는 전혀 딴판이 되었다. 1450년 독일의 쿠텐비르크에 의해 발명된 인쇄기술은 제지 기술과 더불어 급속히 확대되어 1500년경에는 200개 이상의 인쇄 공장이 세워졌다.

근대적인 종이 제조의 시초는 19세기경으로 1799년 무한궤도의 금망을 이용한 종이 제조법을 발명한 프랑스의 루이 로베로(Louis Robert)로 알려져 있다. 1809년 영국의 디킨슨(Dickinson)은 원통형 철망으로 초지하는 호나망 초지기를 개발하였다. 1890년에는 비로소 금망 아래 진공, 탈수설비를 도입한 근대적 개념의 장망식 초지기(Fourddriner paper machine)가 등장하였다.

2차대전후 1970년경 2개의 와이어(wire)를 이용하는 쌍망식 초지기(Twin wire paper machine)가 개발되었으며, 현대에 와서는 더욱 고속화, 광폭화, 자동화 되어 제품의 생산성, 품질의 균일성을 추구하고 있다.

지금까지 종이는 인쇄, 필기, 신문용지 등의 기록지를 비롯하여 판지 등의 포장지와, 티슈나 종이 기저귀 등의 생활 용지로 한정 사용되어 왔으며, 그 원료 또한 목재 섬유가 주류를 이루었다.

최근에는 종이가 가스 멸균지, 자동차용 습식 마찰재 리튬 전지의 세퍼레이터 등으로 사용되고 있다. 현재는 원료로 비 목재섬유와 광범위한 합성 섬유를 이용하는 시도를 하고 있다. 앞으로 종이의 발전 방향은 새로운 가능성, 신소재 개발이 주류를 이룰 것이다.

생산성, 상품성, 편리성, 경제성의 목적과 기능의 표면 처리를 기본으로 한다.

* 발렌타인 데이 선물 포장법은...

Weaving 기법은 리본 등을 이용하여 어슷한 격자모양을 만든 다음 고정시켜서 크기에 맞게 잘라서 사용하는 방법이다.
쉽게 풀어지거나 잘 끊어지지 않는 특징이 발렌타인 데이에 잘 어울리는 포장법이다.

Point !

√ 하나
리본이나 종이를 격자 모양으로 짤 때는 서로 밀리지 않도록 양 사이드를 테잎으로 고정한다.

√ 둘
 격자 모양에서 입체 문양을 더욱 돋보이게 하기 위해서는 한 가지 색을 사용하는 것보다는 두 가지 색 이상을 사용하는 것이 좋고 서로 겹치지 않게 나열하는 것이 좋다.

√ 셋
격자 문양은 포장지 위에 놓았을 때 문양이 느슨해 질 수 있으므로 박스 위나 리본 뒤쪽에 양면 테잎을 붙여 고정하는 것이 좋다. 또한 결이 맞지 않았거나 모서리가 겹칠 때에는 모양이 투박해질 수 있으니 특히 주의한다.

h·o·w·t·o

1 원통의 크기만큼 붙일 두꺼운 종이를 이용하여 2장의 본을 만든다.

2 종이나 리본 등을 이용하여 격자모양으로 짜서 원통의 본보다 넓게 만든다.

3 격자 모양으로 짠 리본 등은 본의 크기에 맞춰 자른다. 이때 리본이나 종이등이 풀리지 않도록 테입을 이용하여 붙여 둔다.

4 원통위에 짠 리본을 붙인다.

5 색글루건을 이용하여 마무리를 한다.

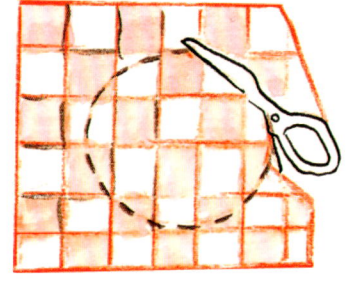

* 어린이날 선물 포장법은...

Torn 기법은 손으로 종이를 찢어가며 모양을 내는 기법으로 자연스러운 모양을 만들었다.
아이들과 함께 선물을 정성스럽게 만들어 보는 재미가 넘치는 포장법이다.

Point !

√ 하나
Torn 기법을 활용한 어린이날 포장은 도안할 위치와 크기를 정하고 디자인 하는데 복잡한 것 보다는 단순한 그림을 선택하는 것이 좋은 모양을 낼 수 있다.

√ 둘
가위나 칼등을 사용하는 것보다는 손으로 직접 찢어서 사용하는 것이 자연스러운 멋을 더할 수 있다.

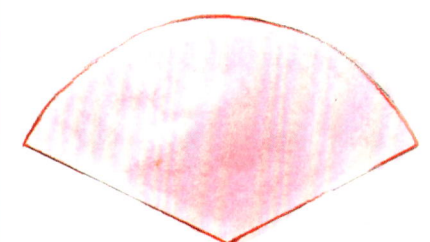

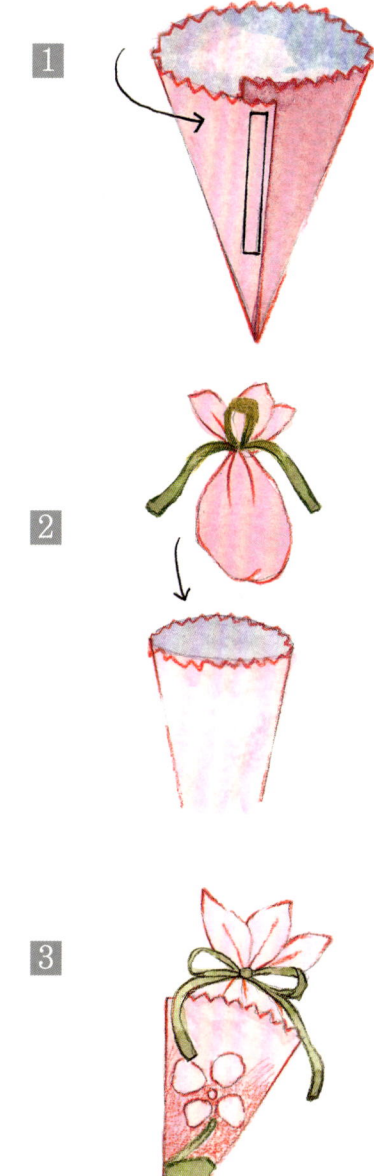

h·o·w·t·o

1 포장지 위에 그려놓고 부채꼴 모양으로 자른다음 꼬깔 모양을 만들어 양면 테잎을 붙인다.

2 부직포를 이용하여 1과 같은크기의 과자봉지를 만들어 꼬깔모형 안에 넣는다.

3 리본과 포장지를 다듬어 모양을 완성한다.

* 어버이날 & 추석 선물 포장법은...

Dry Brush Touching 기법은 붓을 이용하여 물감을 묻혀 원하는 모양을 포장지 위에 직접 그리는 기법을 말한다. 자연스러운 멋과 개성을 살려 포장해 보자.

Point !

√ 하나
물감을 이용하여 포장지를 만들 때는 마른 붓을 이용하고 스템프나 아크릴 물감을 물기가 없이 사용한다. 사용하기 전에는 미리 물감의 양을 조절하고 포장지 위에 직접 그릴 경우에는 붓의 결이 나타날 수 있도록 얇게 사용한다.

√ 둘
물감의 양을 조절할 때에는 물감을 묻힌 부분을 다른 종이에 한번 찍어보고 사용하는 것이 좋다.

h·o·w·to

◀ 어버이날 포장
1 감자, 연근, 수세미 등을 이용하여 원하는 문양을 그리거나 식물의 조직을 이용할 수 있는 것들을 준비해 둔다. 문양 외 부분을 잘라낸다.

2 붓을 이용하여 포장지와 어울리는 색스템프나 아크릴 물감을 묻혀 문양위에 칠한다.

3 포장지 위에 고르게 문양을 찍어 원하는 디자인을 한다.

▶ 추석 포장
1 크기가 다른 상자를 적절히 단색으로 포장한다.

2 원하는 문양을 붓을 이용하여 그려 넣는다.

[1]

[2]

[3]

[1]

[2]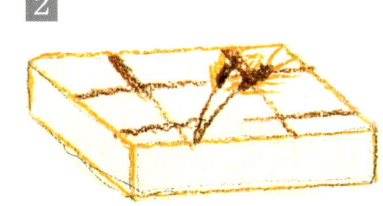

* 웨딩 & 크리스마스 선물 포장법은...

금, 은 가루를 뿌려 모양을 만드는 Gild기법은 크리스마스의 포장에서는 쉽게 써볼 수 있는 포장법이다. 또한 웨딩에서 사용한 Piercing 기법은 액세서리가 없어도 화사함을 더할 수 있는 포장 방법 중 하나이다.

√ 하나
구멍을 뚫을 때는 일정한 간격으로 똑같은 굵기로 뚫는 것이 중요하다. 일정한 간격을 유지하지 않고 너무 가까웠을 때는 옆 구멍과 겹쳐 크게 보일 수 있으므로 주의한다.

√ 둘
구멍은 뚫을 때 바늘은 직선을 유지하여야 모양을 낸 다음 보기가 좋다.

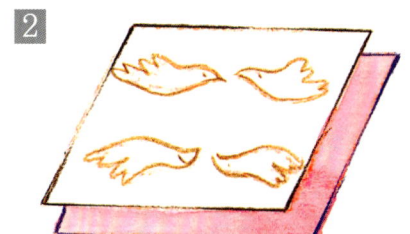

h·o·w·t·o

◀ 웨딩 포장
1 상자를 임시로 포장한 다음 어느 곳에 디자인을 넣을 것인지 정한다. 포장지에 디자인 문양을 정한 위치로 트래싱지 위에 그린다.

2 트래싱지와 포장지를 겹친다. 포장지를 겹칠 때는 뒤집어서 놓는다.

3 트래싱지와 포장지가 움직이지 않도록 고정한다.

4 고정한 포장지를 담요나 양면 골판지 위에 놓고 바늘이나 코사지 핀을 이용하여 구멍을 낸다.

▶ 크리스마스 포장
1 상자를 포장한 다음 디자인의 위치를 정한다. 하트의 모양을 포장지위에 그리고 모양에 따라 풀칠한다.

2 은가루를 하트 모양으로 뿌린다.

3 다른 종이를 위에 놓고 은가루가 포장지위에 잘 고정될 수 있도록 눌러준다.

4 마른 붓을 이용하여 풀을 바르지 않은 부분에 묻은 가루들을 털어낸다.

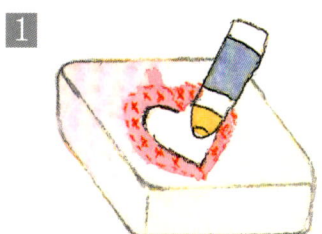

Part 5
Wrapping for the life

다양한 스타일이 돋보이는 선물포장

실속적인 선물들은 의례 일정하기 마련이다. 연인을 위한 의류 선물이나 인형류, 집들이를 위한 식기류 등이 이색적이고 색다른 모양으로 포장할 수 있는 방법들을 소개한다. 화려한 레이스, 심플하면서도 고급스런 리본. 풍성하면서도 투명한 포장지 그리고 다양한 데코레이션이 돋보이는 선물포장 등.
포장을 하는 방법도 여러 형태로 분류되겠지만 각 선물을 어떠한 형태에 중점을 두어 포장하는지에 대하여 이야기 해 보도록 하자.
서로를 향한 소중한 마음들이 간절하면서도 오랫동안 유지되기를 기원하면서...

꽃 & 화분 포장 / 식기류 포장 / 과일 포장 / 박스 데코레이션 / 목욕용품 포장 / 의류 포장 / 인형 포장

A FRAGRANCE
Flower & Garden

특별한 날에 초대되었을 때, 분위기 있는 선물을 주고 싶을 때, 축하와 감사의 선물을 생각할 때, 이럴 땐 부담없는 꽃을 생각하기 마련이다. 꽃은 작은 공간에 활기를 불어 넣어주고 생활의 활력을 줄 수 있으며 선물을 받는 사람에겐 좋은 느낌으로 인식될 수 있는 이미지 메이커이다. 꽃집에서 쉽게 구할 수 있는 것이 아닌 나만의 개성이 드러나는 포장으로 좀더 알차게 선물하고 싶다면 욕심을 내어 직접 물건을 사보는 것도 좋다. 농장에 들러 이름모를 꽃도 사고 묵가도 불러 본다.

▲ 화분을 포장할 때는 물을 넉넉히 주고 난 다음 배수가 되었을 때 화분 표면을 원예용 이끼로 덮는다. 물이 쉽게 마르지 않도록 보호해 주고 화분의 지저분한 가장자리도 가려준다. 오아시스에 꽃을 꽂을 때도 원예용 이끼로 겉을 살짝 가려주면 오아시스 가장자리도 보이지 않고 깔끔하다.
여러 개의 토분을 마치 정원에 심어 놓은 모양같이 연출한 화분 포장은 그 자체로 포장이 필요 없는 선물이다. 하나씩 정성스럽게 키우다보면 선물을 주는 이가 오래도록 기억될 듯하다.

◀◀ 큰 쇼핑백을 장식한 미니 장미는 다른 물건을 담을 수 있는 쇼핑백으로 좀더 멋스럽게 포장할 수 있는 방법이기도 하지만 미니 장미를 좀더 색다르게 포장할 수 있는 방법이기도 하다.
많은 양의 꽃이 아니더라도 직접 구입해서 포장하는 꽃 선물은 언제 어느 때 좋은 선물로 인식 될 수 있기 마련이다. 꽃을 받는 사람이 이 꽃을 어떻게 즐길 수 있을 것인가를 고려한다면 막연히 꽃이 피는 동안에만 감상하는 것이 아닌 오랫동안 보고 간직 할 수 있는 방법이 되기도 한다.
먼저 봉투를 만드는 방법을 활용하여 쇼핑백을 만들기 전 꽃이 위치할 자리를 정한 다음 커터로 구멍을 내고 쇼핑백을 만든 뒤 적당량의 꽃을 물 처리 한 다음 집어 넣는다.

집안을 더욱 아늑하게 만드는 초화들. 추운 겨울에는 집안에 온기를 불어넣어 주는 요소로 여름에는 시원함을 그리고 봄 가을에는 애잔함으로 한 몫을 하는 것이 꽃이다. 이 꽃들은 계절마다 많은 변화를 느낄 수 있다. 새로 이사한 집들이 용으로 부담없이 쉽게 선물할 수 있는 꽃의 다양한 변화를 느껴보자.

garden plants

▲ 잘 휘어지는 나무 가지 등을 이용하여 자연스럽게 틀을 짜서 만든 다음 자그마한 미니 화분을 어슷하게 배치한다.

▲ 나무로 짠 틀에 알루미늄 와이어를 이용하여 화분을 메달수 있게 연출해 본다.
화분이 들어갈 수 있는 모양으로 틀을 만들고 세가닥의 철사줄을 메달아 기울지 않도록 매단다. 나무가지 등을 이용하여 철사 주위에 돌려 감아주면 자연스러운 멋을 더할 수 있다.

▶ 다육 식물은 많은 수분이 필요로 하지 않으며, 잎 하나만 따서 옮겨 심어도 뿌리를 내린다.
계절이 바뀌어도 상록수 처럼 언제나 싱싱한 싱그러움으로 실내를 가득 채워 장식해 보자.

▼ 화분을 쇼핑백에 담는 것은 어떨까? 바구니에 담지 않는 한 화분을 포장하여 운반하기란 쉬운게 아니다. 이럴 때 예쁜 쇼핑백에 이니셜과 메세지를 적고 화분에 리본을 달아 담아 보자.
운반하기에 편리한 화분 포장이 완성 된다.

Tableware wrapping

눈에 띄게 강렬하고 밝아진 테이블 웨어. 어느 한 주방용품 숍을 방문했더니 테이블과 식기용품이 평소보지 못했던 강한 색감으로 시선을 주목시켰다. 마치 잘 차려진 파티장에 초대 받은것 처럼 그 앞에서 입을 다물지 못한 기억이 난다. 한 번쯤은 멋진 테이블을 차려 놓고 손님을 맞이하고 싶을 때가 있다. 그리고 때론 예쁜 식기를 장식하고 싶을 때도 있다.
머그잔과 받침 하나라도 색다르게 선물할 수 있는 방법. 그리고 멋진 테이블을 연출하고 멋지게 보관하는 방법들을 소개 한다.

◀ 납작한 접시나 그릇들은 그 모양새를 돋보일 수 있는 포장법이 어울릴 것이다. 식기의 자연스러움을 위해 그린 컬러로 포인트를 잡고 부드러우면서도 식기를 보호할 수 있는 종이 냅킨을 선택하였다.
기본 포장법 중에서 납작 원형 상자의 변형으로 윗면에 리본으로 액센트를 주어 안정감을 더 했다.

▲ 식기를 신문지나 얇은 종이로 말아서 박스에 포장하는 방법은 누구나 다 아는 방법이다. 약간의 아이디어를 더하면 멋진 모양새가 난다. 머그컵의 입구를 전체적으로 가릴 수 있는 너비를 정하고 컵의 위 아래를 감싸준 다음 고정하고 중간에 리본을 붙여주거나 텍을 달아도 멋스러울 것이다.

▶ 테이블 세팅에서 식기를 멋스럽게 놓기란 쉬운 일은 아닐 것이다. 식기를 즐비하게 늘어놓는 것만이 전부는 아니다. 그린 잎 소재를 이용하여 접지를 둘러 준 다음 자연스럽게 대나무 조각으로 레몬을 홀드 하였다. 보기에도 좋은 테이블 세팅이며 식사 전에 올려놓아도 좋을 듯하다.

자연스러움을 강조하기 위해서는 그린이나 브라운 색상으로 활기가 넘치고 안정돼 보이고 분위기를 연출하기 위해서는 레드 색상계열로 모던하면서 스포티한 느낌은 실버나 연한 골드 계열로 연출한다.
그러나 무엇보다 중요한 것은 식기류의 색상들일 것이다. 식기에서 빚어 나오는 은은한 빛에 의하여 다양한 이미지를 품어내는 포장법. 안전하면서도 이색적으로 포장할 수 있는 식기류 포장으로 테이블을 세팅하듯 다양한 모양으로 연출하는 것도 좋다.

all set for celebrations

▲ 클래식한 테이블 웨어에 빠질 수 없는 유리 잔. 깔끔하면서도 세련된 멋을 돋우게 위해 그린 잎으로 포인트를 주었다. 잎에 붙어있는 줄기는 잎과 분리시키고 잎은 돌돌 말아서 줄기에 고정시켰다. 생화일 경우에는 생화 본드를 이용하고 다른 소재들은 글루건을 사용한다.

▶ 식기 포장은 그 형태 그대로를 전체적으로 감싸주는 것이 가장 안전하다. 그러면서도 모양까지 있으면 금상첨화. 사각의 접시를 마무리한 곳이 아래쪽으로 향하도록 접고 포장하기 전 그릇의 사이즈를 정하고 가운데에 모양있게 창문을 내 보았다. 적당한 액세서리로 포인트를 주어도 되며, 그릇을 포개어 보관할 때에도 편리하다. 창문으로 내비치는 그릇의 문양과 나무에 걸린 체리가 대비된다.

▶▶ 포오크와 수저를 커버링 하는 방법. 손님을 맞이하기 전, 스푼 등을 따로 보관할 때 또는 예쁜 식기류를 선물하고자 할 때 간단하게 씌우는 것만으로도 멋스러운 포장법이다. 손님의 개성에 맞춰 색상별로 미리 만들어 두고 하나씩 사용해 보는 것도 좋은 아이디어이다.

통풍이 잘 되는 얼기설기 짜여진 바구니 안에 과일을 소담히 담고 전체적으로 얇고 넓은 리본을 이용하여 포장하였다. 리본의 끝 부분은 그린 잎 소재로 포인트를 주고 보우 대신 줄기로 고정 하였다. 야외로 소풍을 갈 때, 이웃집으로 인사 갈 때도 멋있는 선물로 좋을 듯 하다.

fresh fruits-cordinated in details

과일 포장만큼 다양한 형태를 갖추고 자연스러운 크기 또한 천차만별인 것도 드물다. 그래서 막상 과일을 포장한다고 하면 엄두가 나지 않을 때가 많다. 여기에서는 기존의 포장 방법 등을 응용하면서 자연 소재로 포장하고 고유의 개성을 발휘할 수 있는 재미난 아이디어를 모았다.

▶ 작은 아이디어 한 가지로 평범한 것을 특별한 것으로 만드는 것이 선물포장의 매력이기도 하다. 간단한 디저트를 내놓을 때도 과일을 예쁘게 담아내는 것도 식탁의 분위기를 더욱 즐겁게 만들어 준다.
그린 잎으로 포장하는 것은 과일을 포장하기에는 적절한 방법.

▲ 옛날에 계란 모양 같은 포장법으로 키위를 나무 줄기로 엮고 양쪽 옆과 중심 부분을 리본으로 홀드 하였다. 보기에도 시원하고 준비할 재료도 간단하여 어느 때건 쉽게 따라할 수 있는 포장.

◀ 포장지로 띠를 두르고 색이 다른 두가지 끈을 이용하여 어긋하게 엮어 포장지를 홀드한 과일 포장.
밋밋한 과일에 멋을 더하여 상품을 최상화 하였다.
바구니에 담아두면 그자체로도 멋스럽다.

◀ 나비 넥타이를 맨 파인애플!
파인애플을 화분처럼 왁스지로 전체를 싸준 후 뒤에서 맞주름을 잡아 라피아로 장식했다.

Box decoration

벨벳 소재의 고급스러움을 더한 데코레이션 박스의 몸통은 천 대신 굵은 로프를 이용하여 화려함을 더한 박스 포장법이다.
기존의 단순한 종이 재질을 사용하기 보다는 질감이 우아한 벨벳 소재를 이용한다면 특별한 박스를 장식할 수 있을 것이다. 원형 데코 박스에서는 리본을 어떤 재질로 사용하느냐에 따라 느낌이 다르고, 일반 리본이 아닌 와이어 리본을 사용하면 그 효과를 더할 수 있다.

▲ 데코레이션 박스는 다양한 리본으로 만들어 질 수 있다. 벨벳리본을 이용하여 박스 뚜껑을 장식할 수도 있으며, 굵기가 비슷한 두 가지의 골지 리본을 서로 어슷하게 짜서 상자 전체를 덮어 세련된 포장을 만들어 낸다. 리본을 이용하여 상자를 제작할 경우 리본의 두께에 의해 상자의 뚜껑과 바닥이 서로 맞물리지 않을 경우가 있으니 이점에 유의 한다.

▼ 와이어 리본을 이용한 원형 데코레이션 박스는 주름을 모아준 중앙의 장식 부분을 어떻게 장식하느냐에 따라 느낌이 다른 박스를 만들 수 있다. 가는 리본을 이용하여 꽃잎 모양으로 겹쳐 중앙을 장식하였다. 와이어를 잡아 당겨 주름을 만들 때에는 일정한 간격으로 주름이 고르게 분배 되도록 하는 것과 뚜껑과 바닥이 맞물리는 부분의 선이 서로 중앙에서 마주 닿도록 배치하는 것이 중요하다.

◀ 뚜껑이 있는 원통박스를 포장할 때에는 상자 뚜껑은 와이어 리본을 이용하여 팽팽하게 잡아당겨 주름을 만들고 조개 껍질이나 진주를 이용하여 장식한다. 또한 상자 바닥은 금색 끈을 이용하여 말아서 글루건으로 고정하면 고급스러운 포장이 된다.

두께가 있는 벨벳 리본과 부드러운 질감의 와이어 리본은 자재점에서 비싸지 않은 가격으로 손쉽게 구입할 수 있다.
벨벳 소재 뿐만아니라 와이어 리본은 색감과 모양이 다양하게 이루어져 있으며 무엇보다 데코레이션 박스를 만드는데에 적절히 사용되는 리본이다. 와이어 리본을 고를 때에는 리본의 재질과 와이어의 라인 색감이 잘 이루어진 리본을 고르는 것이 좋은 장식을 만들 수 있는 요령이다.
화려하고 세련된 느낌의 데코레이션 박스는 액세서리를 선물할 때 소품함을 동시에 선물할 수 있는 장점이 있다.

▼ 시원스런 색감과 더불어 액세서리의 재질을 적절히 배합시킨 선물포장.
재질이 다른 포장지나 직물(천) 등으로 포장할 때에는 포장지에서부터 액세서리까지 재질감을 적절히 배합시켜야 좋은 모양의 포장을 얻을 수 있다.
사진과 같이 마를 사용하여 포장 할 경우에는 라피아 대신 노끈이나 마끈을 이용하는 것이 좋고 같은 재질인 마를 이용하여 끈 대신 넓게 보우를 접어 장식하는 것도 좋다.

색다른 재질과 다양한 소품 연출
Clear bath

대부분 작은 크기의 다양한 형태로 제작되는 목욕용품들은 다양한 재질을 활용하여 표현해 보는 것도 재미를 느낄 수 있다. 물건 자체가 예쁜 형태를 갖추었거나 모양이 특별할 때, 또한 색상이 돋보이는 물건이라면 포장의 질을 달리하여 연출해 보자.

선물포장에서 마의 용도는 매우 다양하다. 때론 마의 폭에 따라서 쓰임새가 달라질 수 있는데 굵고, 가는 선이 주는 느낌을 살려 포장에 응용할 수 있다. 가는 선으로 촘촘히 짜여져 있는 마는 일반적인 포장 방법들을 응용하여 포장할 수 있으며 선이 굵게 짜여진 것들은 두 가지의 종류를 겹치거나 장식적으로 사용하여 세련미를 더할 수 있는 방법이다.

◀◀ 마와 라피아, 트래팔지와 조개껍질 등 각기 다른 소재들이지만 시원한 느낌을 하나로 묶는 공통점을 가지고 있다.
여름에 시원스럽게 사용할 수 있는 아이디어들로 어떤 계절이나 특징적인 아이템을 정하여 한가지의 스타일로 포장하는 것이 디스플레이나 다양한 선물 포장에는 좋은 아이디어이다.

◀ 불투명한 비닐 포장지로 내용물을 반쯤 감싸고 라피아를 이용하여 지그재그로 장식하였다.
두 가지의 물건을 따로 포장할 경우 같은 재질을 사용하는 것도 좋지만 느낌을 달리하여 포장하는 것도 좋은 방법이다.

목욕 용품들은 대부분 색상과 모양이 다양하며 특히 케이스의 디자인이 독특하여 용품을 판매하는 샵에서도 선물용으로 전시하여 두는 곳이 많다.
시원한 물을 닮은 블루 계열 색상에 마를 이용하여 다양하게 포장할 수 있는 선물포장. 마 포장지가 주는 재질감을 살려 포장하는 것이 무엇보다 중요하다.
마의 질감은 까실까실한 것이 피부에 닿으면 시원한 감이 있어 여름철 소재로는 꾸준히 사랑을 받는 재질이다. 속이 비치는 트래팔지나 얇고 하늘거리는 망사, 자연스러운 소재의 라피아와 매치시키면 감각적이면서도 센스있는 포장을 연출할 수 있다.

natural material simple wrapping

◀◀ 마로 만든 쇼핑백.
기본적으로 리본만 잘 매치시켜 포장한다면 선물을 꺼낸 다음에도 재활용이 가능하다.

▲ 두 가지의 재질을 겹쳐 함께 포장한 방법.
먼저 트래팔지로 포장한 다음 중앙에 마를 이용하여 포인트를 주고 라피아를 이용하여 자연스럽게 묶었다.
너무 무거운 물건을 집어 넣어 종이가 뜯어지거나 마가 늘어날 수도 있으므로 주의하도록 한다.

◀ 병들은 상단을 오픈식으로 포장하고 멋스러운 마로 리본 효과를 주면 더욱 고급스러운 포장이 된다.
작은 용기들은 깔끔하게 사각 상자에 넣어 정돈되게 포장하고 라피아로 리본을 묶으면 받는 사람도 정겹고 부담이 가지 않는 포장법이 될 것이다.

Cloth wrapping

두 가지의 질감을 서로 결합하여 사용하는 것도 효과가 있다. 한 가지의 질감을 사용하는 고정 관념에서 벗어나 극을 이루는 질감을 적절히 배합하여 모양을 내는 것도 개성이 돋보이는 포장이 될 것이다.

◀ 질감이 같은 2색의 부직포를 이용하여 의류 용품을 포장하였다. 부직포의 부드러운 질감을 살려 납작하면서도 심플하게 포장하고 무난한 모노 톤이지만 강한 리본으로 포인트를 주었다.
포장지의 마무리 부분에만 주름을 잡아 리본으로 포인트를 준 선물포장. 대부분 리본을 전체적으로 감싸서 포장을 하지만 포장지 속에 선물상자를 두지 않는 한 선물의 중심이 한 방향으로 쏠릴 수도 있고 의류 포장 같은 경우 내용물이 구겨질 수 있다. 얇은 포장지만을 이용하여 포장 할 경우 바로 이런점을 유의해야 할 것이다.

lovely baby clothes

어린 아이들에서부터 성인에 이르기까지 뜻하지 않게 선물을 해야할 기회가 종종 찾아온다. 아기의 돌잔치 때나 추운 크리스마스에 따스한 니트까지 의류 선물은 친근감이 있고 실용적이며 쉽게 고를 수 있는 선물 중 하나일 것이다.
박스에 담거나 일반적으로 쇼핑백에 담는 것이 가장 간단하면서도 빠르게 포장 할 수 있는 포장 방법이지만, 여러 가지 다양한 포장법을 이용하여 개성있는 느낌을 만들어 보자.

▼ 쿠션 같은 모양의 선물포장은 모양을 자유 자재로 바꿀 수 있고 쉽게 구김이 가지 않는 포장지가 포인트. 얇고 가벼운 포장지이지만 무게의 중심이 아래로 쏠려 예쁜 포장이 완성되었다. 캔디 모양처럼 양쪽의 모서리에 리본을 두르고 주름이 잡히도록 잡아 당겨서 보우를 접어 완성 한다.

의류 포장에서는 무엇보다 포장지의 질감에 주목하여 선택하였다.
투명과 불투명, 반짝임과 둔탁함, 견고함과 느슨함, 부드러움과 거친 느낌 등 포장지가 갖는 재질의 느낌을 생각하고 어떤 재질로 어떻게 포장을 하느냐에 따라 많은 차이를 느낄 수 있다. 예를 들면 아이들의 옷 포장은 작은 사이즈 탓인지 대부분 박스 포장이 많다. 일관된 느낌이 싫다면 부드러운 소재의 느낌을 살려 포장하는 것이 좋다. 부직포 같은 부드러운 소재나 아이의 깜찍하고 귀여운 소품을 강조할 수 있는 비닐 포장도 괜찮을 듯하다. 또한 박스를 사용하지 않을 경우엔 장식성을 강조하지만 의외로 깔끔하지 못할 경우가 있으니 최대한 장식물은 자제하면서 포장하는 것이 좋으며, 선물의 장점을 더욱 부각시킬 수 있는 포장지와 장식으로 재미있는 포장을 해 보자.

▶ 포켓 속엔 그 날의 뜻깊은 사진이나 카드, 텍을 넣을 수 있어 좋다. 리본에 있는 글씨와 어우러져 뜻깊은 이미지 전달을 시도해 보았다.

▲ 사각 상자를 이용한 기본 포장에 창문을 내고 레이스 리본으로 이 중 효과를 연출하였다.

부드러운 감촉의 인형류는 편안함을 주어 남녀노소 누구나 좋아하는 선물이다. 장난스럽고 다양한 캐릭터들은 다소 우스꽝스런 모양으로, 테마가 있는 인형들은 이미지를 살려 포장하는 것도 한 방법이다. 적절한 이미지 표현과 소품으로 메세지를 더할 수 있는 포장. 인형과 더불어 선물포장 자체가 인테리어 소품이 될 수 있는 포장법을 소개 한다.

different toy wrapping

인형 포장에서 특히 중요시하여야 할 것은 캐릭터와 포장 방법의 디테일이다.
시판되는 인형의 크기와 모양은 너무 다양해서 어떻게 포장을 해야 할런지... 자칫 잘못하면 일률적인 선물포장이 되고 만다.
특히 아이들에게 선물할 때에는 캐릭터의 이미지와 받는 아이의 취향에 따라서 포장하는 것이 무엇보다 중요하다.

▲ 센스있는 아이디어만 있으면 인형의 귀여움을 잘 표현할 수 있는 포장이 완성된다. 두꺼운 양면 골판지와 나무 박스를 이용하여 자동차 틀을 만들고 콜크와 모올을 이용하여 장식하니 멋진 인형 포장이 완성되었다. 심플한 인형에 멋을 더한 포장이다.

◀ 토끼 인형이 끄는 긴 마차는 배색한 두꺼운 하드 보드지로 만들어 캔디를 실었다. 인형 포장이라고 하여 꼭 전체를 포장 할 필요가 있을까? 캔디를 담아 인형을 넣어 두는 보관함 형식으로 디스플레이 함으로서 기능성과 미관성을 함축시킨 소품 포장을 시도해 보았다.

▲ 자전거를 타고 가는 형태로 바꾸어 포장한 아기 용품 딸랑이. 박스의 가운데에 구멍을 뚫어 딸랑이를 고정시킨 다음 박스의 딱딱함을 이용하여 얇은 포장지로 멋을 낸 선물. 속이 훤히 비치는 포장지가 화사함을 더한다.

▶ 쉽고 빠르게 포장할 수 있는 캔디 포장. 구김이 가지 않고 자유자재로 모양을 낼 수 있는 포장지를 선택해 본다.
적당한 크기의 원통형 상자에 넣어서 포장할 수도 있다.

blue & pink match

아이들에게 줄 수 있는 선물로는 장난감 이외에도 다양한 물품들이 있다. 작고 귀여운 사탕하나, 잘 구운 쿠키 등… 선물 하나 하나를 정성스럽게 포장하여 바구니나 유리병에 담아도 좋다. 무엇이 담겨 있는지 기대하며 하나하나 꺼내어 먹는 재미에 푹 빠질 것이다.

color circle info

> 아름다운 색의 조합이란 사람에 따라 각기 다르게 느낄 수 있다. 또한 우리들은 자연에서도 무한한 변화로 아름다운 색의 조합을 생각할 수 있다. 선물 포장에서도 말로 표현할 수 없는 톡톡한 색을 잘 활용함으로써 디자인의 폭을 넓힐 수 있다.

1 삼원색〈일차색〉

黃, 靑, 赤은 색의 기초이다.
이것의 혼합으로 무한한 색이 만들어 진다.

2 이차색

원색을 각각 2색씩 같은 양을 혼합하면 다시 3개의 색이 된다.
赤 + 靑 = 紫(자색)
靑 + 黃 = 綠(그린)
黃 + 赤 = 燈(오렌지)

3 삼차색

원색과 2차색의 혼합으로 생긴 12색을 3차색이라고 한다.
赤 + 紫 = 赤紫〈violet red〉, 紫赤〈red violet〉
紫 + 靑 = 紫靑〈violet blue〉, 靑紫〈blue violet〉
靑 + 綠 = 靑綠〈blue green〉, 綠靑〈green blue〉
綠 + 黃 = 綠黃〈green yellow〉, 黃綠〈yellow green〉
黃 + 燈 = 黃燈〈yellow orange〉, 燈黃〈orang yellow〉
燈 + 赤 = 燈赤〈orang red〉, 赤燈〈red orange〉

4 색의 3 속성 (3요소)

1) Hues 색상
이상의 18색 즉 1차색은 3, 2차색은 3, 3차색은 12가지로 육안으로도 금방 식별 할 수 있는 색으로 가장 순도가 높은 색이다.
이 18색을 색상으로 이루어진 색환은 오른쪽의 도표와 같다.

2) Chroma (채도)
색의 선명함의 정도 3원색은 가장 선명한(채도가 높다) 색이다.
2차색, 3차색으로 됨에 따라서 선명함이 흐려지면서 채도가 낮다고 표현 한다.

3) Value (명도)
색상에 흰색을 첨가하면 밝은 색이 생긴다. 이것을 명도가 높다고 하며, 색상에 조금씩 검은색을 가하면 밝기가 사라지고 어두운 색이 된다. 이것을 명도가 낮다고 한다.

4) Torn (색조)
색상에 검은색을 조금씩 섞으면 어두운 색이 생겨 이것을 쉐이드(Shade)라고 부르고, 흰색을 조금씩 섞으면 밝고 선명한 색이 생겨 이것을 틴트 (Tint)라고 부른다. 이렇게 밝고 선명하게 보이거나 또는 어둡고 진하게 보이는 색의 모습을 색조 〈톤〉이라고 한다.

5 Color Harmony (조화)

1) monochromatic color harmony
한 가지색의 농담(한 개의 색상과 2색의 tint 와 shade)의 조합으로 정리된 배색의 조화이다.
2) analogous color harmony
칼라 써클상 서로 인접한 색, 3색 이상의 조화를 말한다.
3) Triad color harmony
칼라 써클상 같은 거리를 사이에 둔 3색의 조화이다.
예) 삼원색의 黃, 靑, 赤, 2차색의 燈, 綠, 紫,
    3차색의 黃燈, 靑綠, 赤紫
4) Complementary
칼라 써클상 180도 선상에 있는 색의 조화이고 보색관계라 한다.
5) Split Complementary
칼라 써클상 보색 관계에서 보색을 제외한 양옆 색깔과의 배합을 근접 보색관계라 한다.

6 색의 비율

포장 디자인에서 색의 비율이란 색상, 채도, 명도가 어떤 방향으로 분포되어 있는지를 말한다. 예를 들어 유사색 배합에서 제일 명도가 밝은 노랑색이라면 오렌지색이 25%, 올리브 그린의 가장 어두운 색은 10% 배합을 말한다.

7 색의 리듬

색의 리듬이란 어떤 색이 같은 방법으로 반복되어 율동적인 형태와 현대적인 디자인 기법으로 쓰이는 것을 말한다.
가끔 인상적인 표현 방법으로 색이 강조되는 경우가 있다.
불규칙적이거나 평범한 디자인에서는 리듬이 나타나지 않으며, 특이하게 보이지도 않는다.

8 색의 균형

색채는 전문적인 기술 습득이 필요하다. 색채 균형은 개인적인 감성과 직감에 의하여 비교 되기 때문이다.
구성 요소의 색상이 어떻게 쓰여졌는냐에 따라 비율이 좌우되며, 적절한 비율에 의하여 색의 균형을 이룰 수 있다.

9 색의 독창성

색의 독창성은 색을 선택하는데서 조화가 결정된다.
예를 들면 유사색에서 어떤 색으로 액센트를 주느냐에 따라 달라진다. 유사색 중 한색의 보색을 선택하고 근접 보색대비로 강조해 주어도 효과적이다.

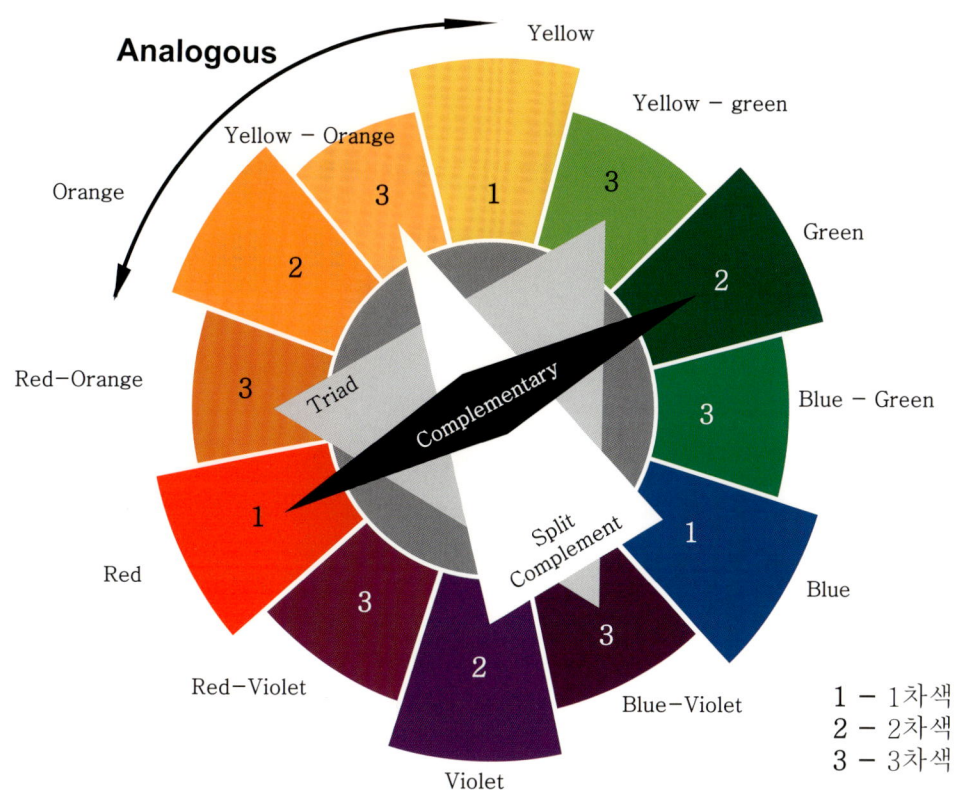

1 — 1차색
2 — 2차색
3 — 3차색

Image Ring

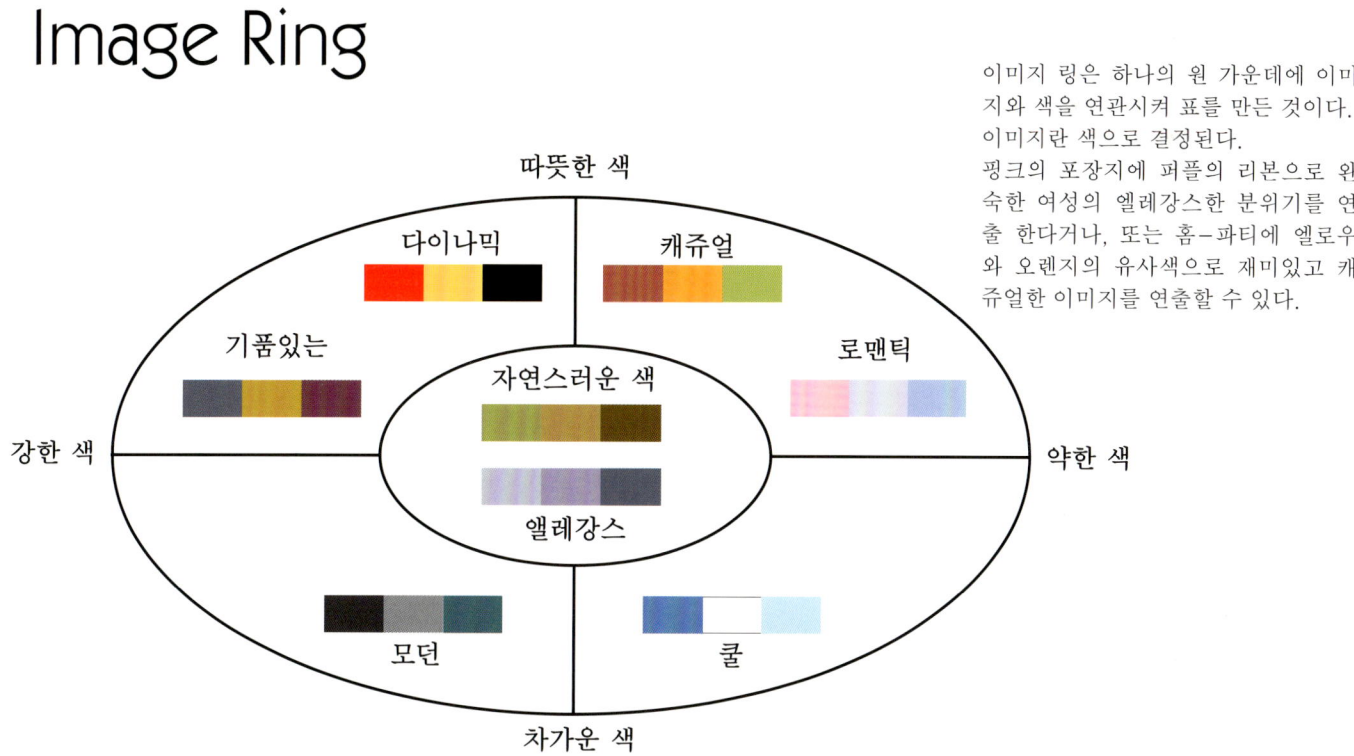

이미지 링은 하나의 원 가운데에 이미지와 색을 연관시켜 표를 만든 것이다. 이미지란 색으로 결정된다.
핑크의 포장지에 퍼플의 리본으로 완숙한 여성의 엘레강스한 분위기를 연출 한다거나, 또는 홈-파티에 옐로우와 오렌지의 유사색으로 재미있고 캐쥬얼한 이미지를 연출할 수 있다.

* 식기류 선물 포장법은...

식기류를 포장할 때는 부드러운 종이로 포장하는 것이 좋다. 테이블 세팅은 냅킨으로, 운송시에는 그릇과 그릇의 완충 역할로도 한지, 노루지 또는 종이 냅킨을 이용하면 좋다. 포장을 꺼냈을 때도 포장된 종이를 재활 용도로 쓸 수 있게 깨끗한 포장과 액센트로 주는이의 정성과 배려로 받는 이의 마음이 따뜻해 질것이다.

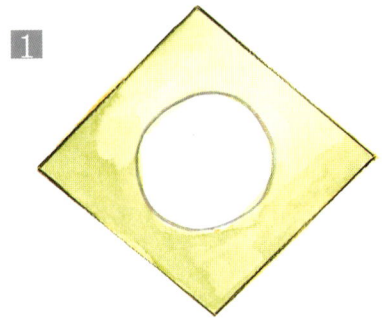

Point !

√ 하나
종이에 코팅이 되지 않은 재활용이 가능한 종이를 사용하는 것이 좋다.

√ 둘
식기류의 미끄럼 방지를 할 수 있는 종이 냅킨이나 한지 등 자연 섬유로 만든 종이는 수분을 흡수 할 수 있어 더욱 더 안성마춤이다.

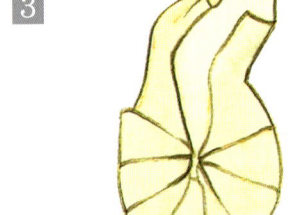

h·o·w·t·o

1 포장 할 종이의 크기는 그릇의 지름 ×2배의 사이즈로 제도 한다.

2 그릇을 종이 중심에 놓고 반지름을 확인한 후 종이의 한면의 중심에서 부터 한쪽씩 원형 주름을 잡아 나간다.

3 마지막 한 모서리가 남도록하여 단정한 모양으로 접는다.

4 그릇의 형태가 살아 날수 있도록 형태를 잡아 고정한다.

* 데코 박스 포장법은...

와이어 리본 한가닥으로 화려한 장식 소품을 만들 수 있는 데코레이션 박스는 모양이 특이하고 세련되며 간단하게 제작할 수 있는 탓에 많은 이들의 관심을 받고 있다.

Point !

√ 하나
와이어 리본의 주름을 잡을때는 한쪽 와이어를 잡아 당겨서 일정하게 모양을 낸다. 이때 와이어가 끊어지지 않게 주의하도록 한다.

√ 둘
와이어 리본을 상자위에 고정할 때에는 리본이 밀리지 않게 하는 것이 중요하다.

√ 셋
리본은 상자전체를 덮을 수 있도록 폭이 넓은 것을 선택한다.

h·o·w·to

1 포장 용기 뚜껑과 바닥에 하드보드지를 붙여 준다.

2 포장 용기에 리본을 고정하기 위해서 양면 테잎을 박스 모서리에 붙여 둔다.

3 와이어가 든 리본을 이용하여 한쪽 와이어를 빼면서 주름을 잡는다.

4 와이어를 조여준 리본을 상자의 윗면에 배치하고 다른쪽은 박스에 고정시킨다.

5 리본과 리본의 마무리는 글루건으로 깨끗이 마감처리 한다.

6 리본의 너비와 포장용기의 크기에 따라 뚜껑에 붙일 장식을 만들어 붙인다.

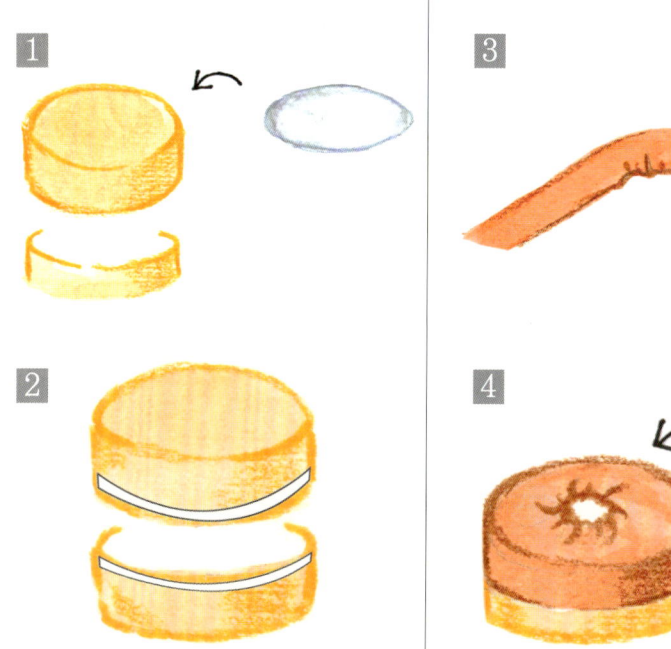
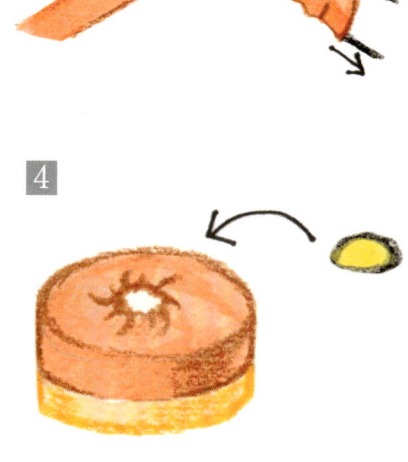

* 목욕용품 선물 포장법은...

트레팔지를 사용한 포장은 은은하면서도 부드러운 느낌이 묘한 분위기를 낸다. 흰색과 연한 파스텔 색감을 적절히 조화시켜 시원한 바닷 속 풍경을 들여다 보는 듯 하다.

√ 하나
두가지의 종류를 포개어서 사용하는 포장법에는 포장지의 재질이나 색깔이 서로 잘 어울려야 효과를 높일 수 있다.
또한 두 개의 포장지를 서로 포개었을 때는 포장지가 밀리지 않도록 잘 고정하고 정확한 위치에 놓는 것이 중요하다.
고정할 때에는 양면 테잎이나 글루건을 사용하고 특히 사진과 같이 마 재질을 사용할 때에는 고정시 사용한 글루건이 겉으로 나타나지 않도록 주의 한다.

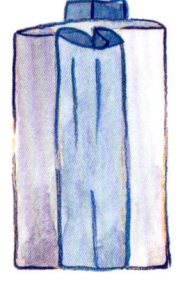

h·o·w·t·o

1 포장지를 이용하여 먼저 밑면의 시접을 접어 봉투와 같은 형태를 만든 후 겉 포장을 만든다.

2 다른색 리본을 사용하여 1의 포장지 보다 좁게 띠를 만든다.

3 1과 2를 겹친다.

4 주름을 예쁘게 잡는다.

5 리본을 돌려 매어 고정 한다.

6 원하는 모양의 보우를 접는다.

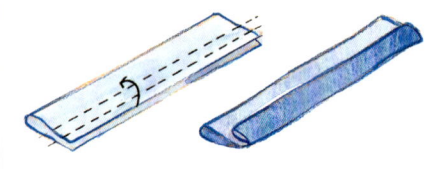

* 의류 선물 포장법은...

어린이에게 주는 선물로 흔히 의류를 준비 할 때가 많다. 아이들의 순수함 만큼이나 다양하고 예쁜 컬러의 의류들은 굳이 상자가 아니어도 쉽고 다양한 방법으로 포장할 수 있다. 의류 포장에선 옷의 질감과 색을 살려서 포장하는 방법을 소개한다.

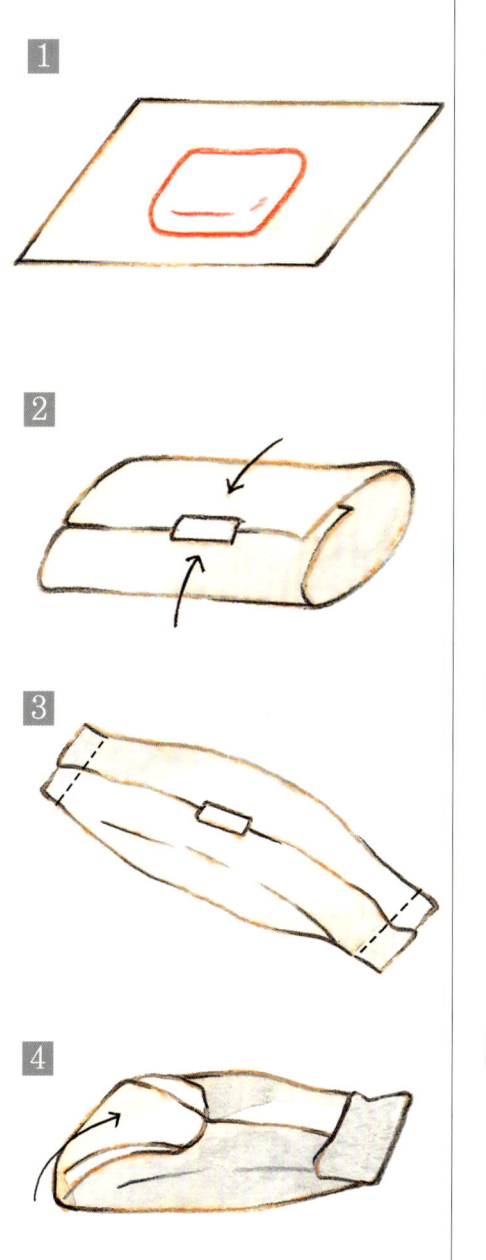

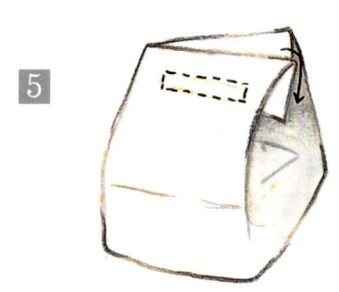

Point !

√ 하나
색깔이 겉포장지에 비치거나 형태가 흐트러지지 않게 속 포장을 해준다.

√ 둘
포장지를 선택할 때는 부드럽고 질긴 종이를 선택한다.

h·o·w·t·o

1 포장지 위에 포장할 의류를 올려놓고 옷의 크기에 맞춰 포장지의 크기를 정한다.

2 포장지를 삼등분하여 접은 다음 시접이 중심에 오게 접는다.

3 양끝을 시접이 보이지 않도록 안쪽으로 접어준다.

4 옷의 크기에 맞춰 삼등분한 포장지의 양쪽 모두 맞잡아주어 정사각형의 형태를 만든다.

5 포장지의 양쪽선을 안쪽으로 접어 양면 테잎으로 서로 붙여준다.

6 시접을 접어 붙인 포장지 사이로 리본을 한줄로 통과시킨 후 깔끔하게 리본을 메어준다. 리본을 묶을 때는 주름을 조절하며 묶는다.

7 반대편도 같은 방법으로 주름을 조절하여 리본을 묶는다.

8 양쪽 주름의 모양을 조절하고 포장을 마무리 한다.

Part 6

Handmade accessories

손으로 직접 만들어 보는 액세서리

손으로 직접 만든 액세서리들은 취미로 만들 수 있을 정도로 다양하다. 리본을 포함한 작은 소품들을 이용하여 제작하다보면 시간 가는 줄 모른다.
리본을 사용해서 만드는 액세서리로는 헤어핀, 헤어밴드, 코사지 등을 빼 놓을 수 없다. 본을 이용하여 리본으로 다양한 장식을 만들고 리본의 보우를 접는 방식을 응용하여 선물포장 등에도 활용해 보자. 이렇게 만들어 보는 사이에 생활과 패션의 감각을 키워나가는데 도움이 될 것이다.
직접 만들어 보는 것 만으로도 즐거운 작업. 한가지의 모양으로 여러 색상을 만들어 다양하게 이용해 보고 선물도 해보자.

데코레이션 텍 만들기 / 타슬 만들기 / 핸드 메이드 카드 / 헤어 핀 / 헤어 밴드 / 코사지 / 리본을 활용한 액세서리 만드는 방법

▶ 즐거운 크리스마스를 알리는 tag에는 비드와 철사로 멋을 내는 것도 좋다. 구김지를 이용하여 크리스마스 트리 모양으로 본을 만들어 붙이고 색이 있는 동선을 이용하여 트리를 장식하였다. 포장하고 남은 것을 이용하여 Tag을 만들면 특별히 따로 준비할 필요가 없어 경제적이다.

▼ 선물에 모양을 낼 때는 받는 이의 이니셜을 만들어 tag에 모양을 내고, 선물을 주는 날 일정한 테마나 주제가 있으면 글을 새겨 넣어도 무관하다. 만약 특별한 재료를 사용하여 tag을 만들고 싶다면 자연의 향이 강한 프레스 플라워나 포푸리, 각종 식물 재료 등을 이용해 보는 것도 좋다.

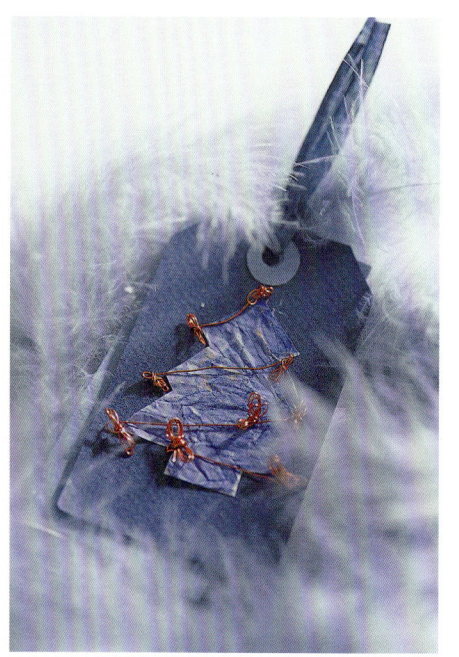

decoration tag & name tag

Tag은 선물포장 뿐만 아니라 우리의 일상 속에서 크고 작은 부분으로 활용이 많은 아이템이다. 카드를 따로 만들거나 구입하여 사용하지 않는 한 선물 포장지 전체에 전달할 메세지를 써넣을 수는 없기 때문에 tag은 선물포장에서 요긴하게 쓰일 수 있는 아이템이 된다.

자신만의 originality의 gift tag은 개성을 부여하여 독특하게 연출할 수 있으며, 나아가서는 창작 활동의 한 분야로 존재할 수 있다.

작지만 정성스럽게 만들다보면 여러 개의 Tag을 모아 액자에 넣어 벽걸이용 액자로도 사용이 가능하고, 선물포장의 액세서리로도 쓰여지며 네임택이나 장식 소품으로도 활용할 수 있다.
선물포장의 작은 메세지 Tag. 여러 가지 모양으로 만들어 선물포장에 특별한 개성을 만들어 주자.
Tag이란 An identification tag로 선물을 주거나 받는 사람의 선물하는 의도를 명확하게 구분을 할 수 있게 하는데 매우 중요한 역할을 한다.

▲ 자연에 늘상 널려있는 모든 아이템들은 모두 tag의 소재가 될 수 있다. 바닷가에서 주워 온 예쁜 조개나 돌, 가을이면 발갛게 물든 낙엽, 옷에서 떨어진 단추하나까지… 소재에 변화를 주면 다양한 모양의 tag이 완성된다.

◀ tag을 만들기 위해서 활용할 수 있는 범위는 무척 다양하다. 옷감, 퀼트 천, 리본, 쿠키, 캔디 등 일상생활에서 쓰여지고 있는 작은 소품들이면 무엇이든 가능하고 포장지와의 배색, 시판되는 스티커 이용, 재활용 카드, 포장지의 무늬를 이용하거나 첵크 리본 등을 이용하여도 쉽게 tag을 만들 수 있다.

선물포장에서 타슬은 중요한 부분을 차지한다. 단순한 포장에 화려한 장식으로 쓰일 수 있으며 물건을 홀드 할뿐 아니라 장식적인 효과도 높일 수 있는 것이 타슬이다. 대부분 선물포장에서 타슬은 리본이나 끈을 이용하여 제작되어지며, 소재는 시즌과 행사에 맞춰 제작하는 것이 좋다.

wrapping with a tassel

타슬을 만들 때에는 여러 가지의 리본의 재질이나 소품을 다양하게 이용하여 제작해 본다. 노끈이나 라피아는 딱딱하면서도 자연스러운 느낌을 주며, 부드러운 공단 리본은 장미 꽃 모양을 접어 장식할 수 있고, 때론 자연소재를 그대로 붙여서 사용해도 멋스럽다.

대부분 끈은 얇은 결의 조직으로 구성되어 있다. 이것을 한올 한올 씩 풀어서 모양을 내거나 타슬의 끝 부분이 될 모양을 만든 다음 끈과 연결하는 방법도 있다. 후자일 경우에는 끈과 타슬의 모양이 되는 부분의 색상이나 모양이 서로 잘 배합되어야 좋은 타슬을 만들 수 있다.
끈을 짧게 제작한다면 상자를 둘러서 사용하기 보다는 집게 핀을 이용하여 한 부분에 장식하거나 걸어 주는 것도 좋을 것이다.

얇은 리본이나 실을 여러 번 감아서 보우를 만들고 중앙을 고정시켜 만든 타슬.
리본의 컬러를 달리하거나 너비를 조절해서 사용하여야 포장 위에 장식했을 때 어색하지 않다.

정감있는 핸드메이드 카드. 리본을 잘라도 올이 풀리지 않는 소재를 선택하여 양면 테잎을 이용하여 트리 모양으로 붙인다. 나무 줄기는 돌가루를 이용하여 떨어지지 않을 정도로 붙여 준다. 아이들과 함께 만들어 보는 것도 재미있을 것이다.

소리 없이 날아든 소박한 카드 한 장은 정감이 간다. 콘솔이나 수납장 위, 가구들과 매치 되어 장식되어 있는 카드를 보면 잠시 추억에 잠길 수도 있고 주는 이의 정성이 오래도록 기억된다. 최근 들어 손으로 직접 카드를 만들어 사용하는 예가 흔치 않지만 손수 만든 카드는 마음을 따뜻하게 한다.
선물포장을 하고 남은 자뚜리 천이나 포장지를 이용하여 카드를 만들어 보았다. 오브제들을 이용하여 세상에서 하나 밖에 없는 소중한 느낌을 한껏 담아보자. 디자인이 다양한 것은 물론, 컬러 역시 주는 사람의 취향에 따라 달리 할 수 있다.

card idea

▶ 발렌타인 데이를 위한 정성스런 카드. 신문지 위에 원하는 모양을 그린후 글루건이 굳으면 신문지 채로뜯어 내어 카드 위에 붙여 완성한다. 색상이 있는 글루건은 자재점에서 쉽게 구할 수 있다.

◀ 입체감이 돋보이는 이 카드는 쿠키를 붙이고 글루건으로 모양을 낸 카드이다. 테이블 위나 모양을 내야 할 자리가 있다면 네임텍이나 메뉴 메모장으로 사용할 때 이런 방법으로 카드나 보드를 만들어 보는 것도 좋다.

▲ 어느 곳에서도 살수 없는 카드. 정성이 가득 담긴 카드는 사랑을 전할 수 있는 가장 쉬운 방법이 아닐까? 아이들을 위해 정성을 다하는 모습은 작은 눈 속에 언제나 기억될 듯 하다. 로고를 직접 손으로 찢거나 가위로 오려 모양을 낸 다음 카드 본 위에 붙여 모양을 냈다.

▲ 카드 위에 먼저 일정한 간격을 두어 구멍을 낸 후 십자수 실을 이용하여 시침질을 하고 비드를 이용하여 장식한다. 카드의 단조로움을 없애기 위해 화려한 장식을 덧붙여 보았다.

◀ 냅킨이나 예쁜 종이의 문양들은 카드를 만드는 좋은 소재가 된다. 또한 떨어지는 낙엽과 꽃잎도 책갈피에 꽂아 두었다가 잎이 마르면 카드 본 위에 얹어 놓으면 손쉽게 카드를 만들 수 있다. 좀더 센스를 더하자면 모노그램을 활용하여 이니셜을 새겨 넣거나 굵기가 있는 펜을 이용하여 문양을 그려 넣는 것도 좋을 듯 하다.

▲ 일정하게 주름을 잡고 가운데에 같은 종류의 리본을 이용하여 꼬아서 고정한 헤어핀. 양쪽에 주름을 어떻게 잡느냐에 따라 모양의 차이가 많으므로 주름은 실을 이용하여 고정시키는 것이 좋다.

▶ 골지 리본과 면 체크 리본을 이용하여 각각 보우를 접고 중앙을 고정시킨 다음 머리끈과 연결하였다. 작고 심플한 보우를 일정한 간격으로 접어 아기자기한 느낌을 연출하였다. 두 가지의 리본을 사용할 경우에는 리본의 재질과 컬러 톤만 맞춰주면 어떤 것이나 무난하게 어울린다.

리본의 쓰임새는 다양하다. 선물을 포장할 때에도 멋지게 사용될 수 있지만 이제는 리본으로 헤어 밴드와 헤어핀, 코사지 등을 만들 수도 있다. 리본으로 원가를 꼼꼼히 만들다 보면 완성되어지는 과정이 무척 재미있는 것이 리본 액세서리의 매력이다. 그 중 헤어핀은 생각보다 훨씬 간단하다. 디자인한 모양을 먼저 정하고 컬러와 크기를 결정한 다음 다양한 보우 접기를 이용하여 모양을 내고 실이나 글루건으로 고정하여 헤어 핀 대 위에 고정시키면 완성된다. 무엇보다 섬세하고 세련된 모양의 헤어핀을 만들려면 능숙한 솜씨로 보우를 세밀하게 접는 것이 가장 중요하다. 보우의 모양과 접혀지는 주름의 모양에 따라 액세서리의 모양이 달라 보이기 때문이다.
또한 핀대 위에 고정할 때에도 깔끔하게 처리하는 것이 좋은 모양을 낸다. 예쁜 보우의 풍성함을 오래 유지하려면 보우의 안쪽에 두꺼운 심을 넣는 것도 좋다.

pretty hair pins

▼ 로프 리본은 질감이 부드러워 보우를 강하게 조여 준다고 해도 잘 풀어지는 경향이 있다. 그런 단점을 이용하여 뜨개질을 하듯 느슨하게 짜고 중앙을 돌려가면서 멋을 낸 헤어핀. 리본의 특성을 알면 다양한 헤어 장식이 표현될 수 있다.

▶ 손으로 한땀 한땀 떠서 만든 물건에는 오랜 시간이 지나도 실증나지 않는 맛이 있다. 보풀이 잘 일지 않는 털실을 이용하여 정감 어린 헤어핀을 만든다.

▲ 화려하면서 시원스런 느낌의 비드를 사용하면 세련되면서도 고급스런 모양의 헤어 액세서리를 완성할 수 있다. 때론 리본이 아닌 주위에서 흔히 구할 수 있는 비드나 단추 등을 이용하여 모양을 내는 것도 좋다.

리본 한 줄만 있다면 색상이 다양하고 심플한 헤어밴드는 쉽게 만들 수 있다. 단지 리본의 재질을 어떤 것으로 쓰느냐에 따라 때로는 귀엽고 앙증맞게 때로는 고급스럽게 제작할 수 있다. 헤어밴드를 만드는 여러 가지 재료 중 자주 쓰이는 리본으로는 주름 공단 리본과 골지 리본, 오간디 리본, 면 체크 리본, 벨벳 리본 등이 있다.
럭셔리한 트렌드를 반영하듯 세련된 느낌의 벨벳과, 비드, 펄 종류는 여성스러움을 강조할 수 있는 소재들이며 상큼하면서도 리치한 감각을 느끼게 한다.

rainbow hair band

다양한 색상과 디자인으로 여성스러움을 강조하는 헤어밴드는 리본의 굵기에 따라 심플하게 띠를 둘러 사용하거나 감아주면서 사용할 수 도 있으며, 두 가지의 색상을 엮어서 사용하기도 한다.
헤어 밴드의 재료 구입은 재래 시장이나 리본 자재점에서 구입할 수 있다.

액세사리는 리본의 재질과 형태에 따라 모양이 달라질 수 있다.

하늘거리는 오간디 리본을 사용하면 여성스러움을 더욱 강조할 수 있으며, 외관이 아름다워 가볍고 정교한 느낌이 든다. 또한 얇은 견직의 조젯 리본은 주름이 잡혀 있어 그 자체로도 쉽게 모양을 낼 수 있어 사용 후 큰 효과를 볼 수 있는 리본이다.

코사지는 리본의 재질에 크게 영향을 받는다. 골지나 공단 리본같이 주름이 쉽게 고정될 수 있는 것을 사용하는 것도 코사지를 잘 만드는 한 방법이다.

코사지를 만드는 재료는 무척 다양하다. 조화나 드라이 플라워를 이용하여 만들 수도 있고 종이를 사용하기도 하며 리본 재료를 활용하여 제작되기도 한다. 그 중 리본으로 코사지를 만들 경우 다른 재료 보다는 훨씬 풍성하고 세련된 느낌으로 제작할 수 있다. 시간과 정성이 들어가지만 받는 이들의 기쁨은 두 배가 될 수 있는 리본 공예품, 특별한 날 소중한 이들에게 고마움을 전할 때 선물하면 밤을 새워 만든 코사지 하나가 정성스럽게 만든 보람이 느껴진다.

ribbon accessories

오간디 리본으로 장미 모양을 받쳐줄 수 있는 크기로 리본의 모양을 내고 공단과 벨벳으로 장미를 만들어 오간디 리본으로 만든 꽃잎 위에 고정시킨다.

코사지는 크게 리본의 재질과 색상의 배합에서 모양에 많은 변화가 있다. 또한 리본으로 형태를 어떻게 접느냐에 따라서도 모양이 크게 달라진다.

한 가지의 리본으로 보우를 접어 코사지를 만들 수도 있지만 여기서는 일정한 틀에 맞춰 꽃잎의 받침을 만들고 다른색 리본을 이용하여 봉우리 모양을 내는 방법으로 제작해 보았다. 리본의 너비에 따라 코사지의 크기를 조절할 수 있고, 보우를 접어주는 량에 따라 높낮이가 다르게 만들어 질 수도 있다.

공단과 오간디 리본은 광택과 화려함으로 강조될 수 있으며, 체크 리본은 귀여움을 돋보이게 하는 소재가 될 수 있다. 골지 리본은 헤어 액세서리를 만드는 소재로 꾸준한 인기를 받는 재질이며, 느낌이 차분한 스트라이프는 쉽게 모양을 내는 데 한 몫을 한다. 또한 질감이 독특한 다른 리본을 사용하여 헤어밴드를 제작할 때도 끝마무리는 골지 리본을 사용하는 것이 대부분이다.

▲ 리본을 이용하여 뒤로 접으면서 6각형을 만들고 핀으로 고정한다. 이 때를 위해 본을 만들어 놓고 쓰면 편리하다.
리본의 시작과 끝을 6각형에 맞게 재단 한 후에 리본 올이 풀리지 않게 라이터로 지져준다. 6각형의 리본 가장자리를 질긴 실로 홈질해 준다. 실을 잡아 당겨서 꽃 모양을 만들어 실로 꿰매어 준다.
꽃 부리용 리본은 두꺼운 리본으로 각을 세워서 삼각 모양으로 매듭을 지워준다. 완성된 꽃잎과 꽃술대를 겹쳐서 마무리한다.

▶ 리본을 이용하여 bustle bow를 5-6장 잘라서 만들고 꽃받침이 되도록 서로 연결한다. 장미를 접어 꽃받침의 중심에서 마무리 한다.

▲ 리본 폭을 45도로 접어 육각형을 만든다. 육각형 모서리를 시침하여 실을 잡아 당겨 프릴(주름)을 만든다. 리본을 이용하여 봉우리를 만들어 프릴 위에 붙이고 주자 리본으로 고리를 만들어 완성한 다음 코사지 핀대에 만들어진 꽃을 붙인다.

▲ Wired edged 오간디 리본을 사용하여 4각 접기를 2장 만든다. 4각 접기에 홈질을 할 때 가장 자리와 꽃 부리용으로 길이를 달리해서 완성한다.
시판되는 조화용의 수술을 사용해서 완성된 꽃잎과 꽃 술대를 겹쳐서 마무리 한다.

▶ 리본의 폭을 정하고 한쪽 부분에 시침질을 해서 잡아 당겨 프릴을 만든다. 배색의 리본으로 매듭을 지어 프릴 위에 고정한 다음 코사지 핀대에 붙여 마무리 한다.

ribbon info

[영어의 리본(ribbon)의 어원은 목걸이를 의미하는 중세 네덜란드어 ringband에서 유래하고 있다. Ring 고리와 매듭을 의미하는 band의 복합어로 현재에 이르기 까지 리본으로 불리우고 있다.]

1. 리본의 개요

1) 리본은 다채로운 기능을 가진 소재이고 여러 곳에서 다양한 형태로 쓰인다.

2) 선물을 포장할 때 리본을 쓰는 경우가 많은데 그것은 리본을 매는 형태가 사람이 인사를 하며 예의를 표하는 신체의 형태와 닮았기 때문이다. Bow의 어원은 커브를 의미하는데 비온 후 보이는 무지개의 형태 rainbow를 상상하면 이해가 될 것이다. 「Bow one's Thank」라는 관용구가 영국에서 사용되고 있는데 선물할 때 서구에서 리본을 많이 쓰는 것은 이런 것으로부터 유래하고 있는 것이다. 리본이 처음으로 짜여진 것은 1400년대, 이탈리아 볼로니아로 기록되어져 있다. 리본 분야를 활발하게 발전시킨 곳은 일본으로 여기서 소개되는 장신구 만드는 기법 중 몇 가지는 일본에서 전파된 것이고, 일본 MOCUBA리본 전문 생산 업체 제품은 세계적으로 유명 브랜드로 자리 잡았다.

2. 리본의 구분

1) 리본의 정의
직물이나 종이 등으로 만들어지는 장식용품으로, 너비가 좁고 긴 끈 모양으로 된 것을 총칭한다.

2) 리본의 종류 및 기본 구성
Satin은 grosgrain(그로그랭,견직), Taffeta(호박단)와 Organdy(얇은 모슬린)는 특별한 리본으로 간주된다.
Satin을 제외한 모든 리본은 직물 중에서 서로 다른 재료를 특징 있게 섞어서 짠것이다. 여러 가지 리본은 rayon, silk, cotton, nylon polyester를 서로 섞어 만든 것이다.

* Satin
씨줄의 견이 많은 것으로 중국의 복건성(푸젠성)의 지명으로 공단이나 부드러운 광택을 지니고 있다. 단면, 양면으로 제작된 것이 있다.

* Grosgrain
면사와 비스코스(인견 등의 원료인 셀룰로이스) 폴리에스테르와 실을 혼합하여 제작된다. 주로 비단, 인견의 천, 리본 등으로 쓰인다.

* Organdy
얇은 모슬린 천의 종류로 투명한 리본은 외관이 아름답고 가볍우며 정교하게 짜여져 있다. 하늘하늘 거리며 약간은 비치는 재질로 구성되어 풍성한 보우를 접어 화려하게 장식할 때 많이 쓰여진다.

* Taffeta
태피터, 호박단, 견 및 광택 있는 얇은 평직물을 일컫는다.

*금속리본(metallic ribbon)
축제장식, 선물포장에 사용하는 루렉스(플라스틱에 AL.을 피복한 옷) 섬유 또는 금속성 리본을 가리킨다.

* Velvet
벨벳 리본은 호화롭고 부드러운 솜털이 있다. 대개 한쪽 면에 만 솜털이 있는데 양쪽 모두 있는 경우도 있다. 선물포장에서는 주름을 접거나 장식하는 용도로도 쓰이지만 따로 포장을 하는 경우엔 고급스런 느낌을 줄 수 있다. 씨줄과 날줄을 좁게 짜거나, 보풀을 짧게 만든 것이 대부분이다.

* Picot / Feather edged
리본 모서리에 작은 고리와 깃털 효과를 내기 위한 것.

* Jacquard
Jacquard 무늬(1801)는 Jacquard Joseph Marie (1752-1834)라는 프랑스의 발명가에 의해 복합적인 형태를 처음 자동화 했다.
직조, 짠다는 이름과 같이 직조할 때 씨줄을 배경으로 날줄을 올려서 사진 효과가 있게 짠 것을 말한다.

* Moire
리본의 가열된 롤러로 물결 무늬 효과를 낸 technique 이름이다.

* Wired-Edge
리본의 양쪽 모서리에 가는 동선을 넣어 짠 것.

* 천연섬유
종이, 면화, 리넨, 같은 광범위한 천연 섬유로도 만든다.

* lace ribbon
needle-point lace ribbon, pillow-lace ribbon, 기계 lace ribbon이 있으며, lace 장식적인 모양은 고무줄, 견, 면, 매탈릭, 모헤아, 알로에 fiber을 섞어서 손으로 꼰 것, 고리를 만들거나 금사, 은사로 합사를 만들어 사용했다. 근래의 lace는 기계에 의해서 제작되고 합성 섬유도 많이 만든다.

* 봉우리 장미 만드는 방법은...

1
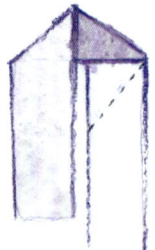

2
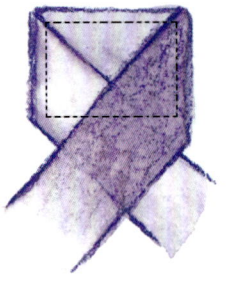

3

4
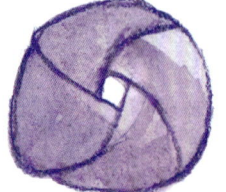

h·o·w·t·o

◀ 봉우리 만드는 방법

1 리본 폭을 정한 뒤 45°로 꺾고 남은 리본을 뒤로 돌려서 그림 1과 같은 형태를 만든다.

2 점선 모양으로 시침질을 한다. 그림과 같이 사각형으로 시침질한 다음 실을 잡아 당겨 프릴(주름)을 만든다.

3 봉우리 모양의 형태로 완성한다.

▶ 와이어 리본으로 장미 만드는 방법

1 철사가 들어있는 리본을 꽃의 크기로 알맞게 재단한다.

2 양쪽 철사가 리본 속으로 들어가지 않게 잘 잡아 묶는다.

3 아래 철사를 끊어지지 않게 당겨 프릴(주름)을 잡는다.

4 리본의 끝쪽에서 부터 돌려 장미 모양을 만든다.

5 리본 속 철사가 풀어지지 않게 잘 고정한다.

1
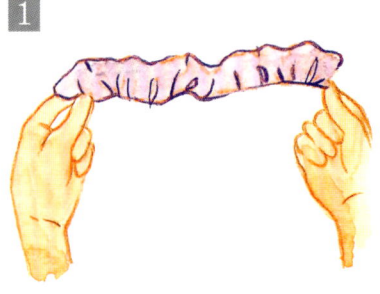

2

3

4
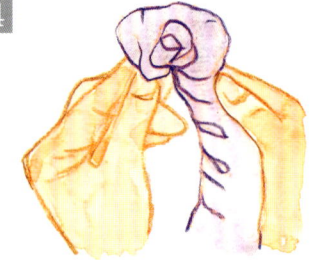

5
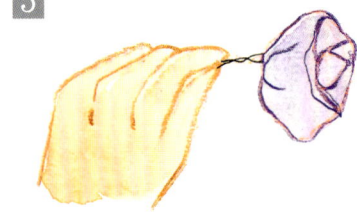

* 잎 & 장미 만드는 방법은...

h·o·w·t·o

◀ 잎 모양 만들기

1 그림과 같이 리본을 45도 정도 뒤로 접는다.

2 다시 반대편으로 접어 그림과 같이 만든다. 이때 리본은 왼쪽은 앞쪽으로 향하고 오른쪽 리본은 뒤로 접어서 뾰족한 끝을 만든다.

3 왼쪽 리본과 오른쪽 리본을 같이 잡고 주름으로 마무리 한다.

▼ 장미 모양 만들기

1 리본을 이용하여 그림과 같이 경사지지게 뒤로 접는다.

2 뒤로 접힌 부분부터 말아주면서 꽃심을 만든다.

3 대각선으로 경사지게 접은 선까지 돌돌 말아준다.

4 리본을 1과 같이 다시 바깥 방향으로 접어 대각선을 만든다.

5 한쪽 리본은 계속해서 말고, 다른 쪽은 뒤쪽으로 접어 장미꽃 모양을 만든다.

6 원하는 크기의 모양이 되면 리본을 잘라 처음 시작한 점과 연결하여 고정한다.

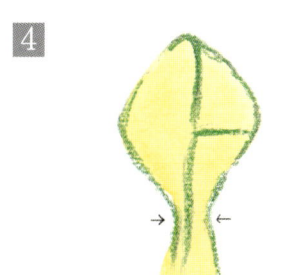
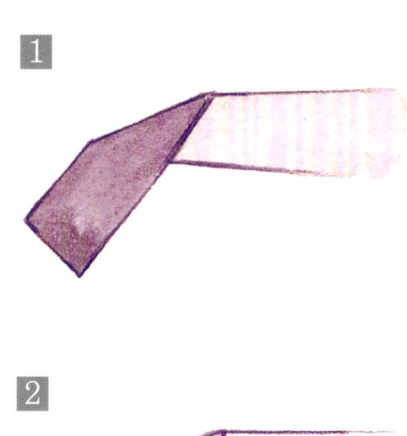
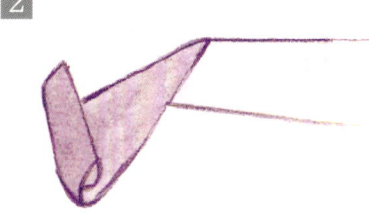
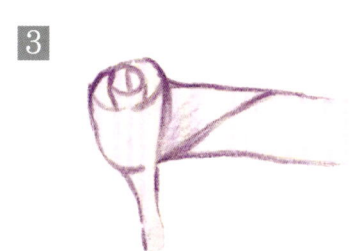
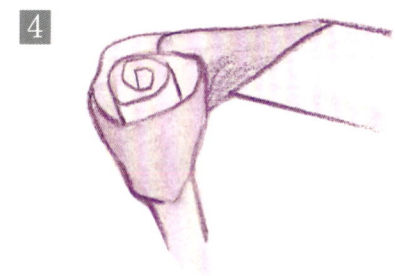
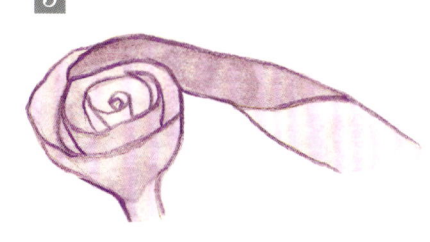

* 헤어 밴드 만드는 방법은...

헤어 밴드는 핀대의 모양과 굵기에 따라 많은 변화가 있다. 뿐만아니라 리본의 다양한 재질에 따라 모양은 같으나 선물을 줄 수 있는 연령대가 달라질 수 있다.
여기에서 리본 한 줄만 있으면 누구나 쉽게 만들 수 있는 헤어밴드를 소개 한다. 같은 모양이라 하더라도 리본의 색상을 달리하여 다양하게 활용해 보자.

Point !

√ 하나
곡선 핀대를 활용하여 헤어밴드를 만들 때 핀대 전체에 리본을 말아주어야 하므로 로프나 리본 테잎은 늘어지거나 투박한 것은 적합하지 않다. 이럴 땐 굵기보다는 리본의 다양한 질감과 디자인으로 변화를 줄 수 있다.

√ 둘
헤어밴드의 마감처리는 무엇보다 중요하다. 자칫 귓불이 불편해서 사용하지 못하는 경우가 있으니 질감이나 마감 처리를 깔끔하게 해야 할 필요가 있다.

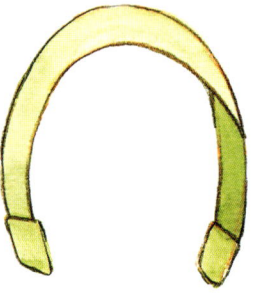

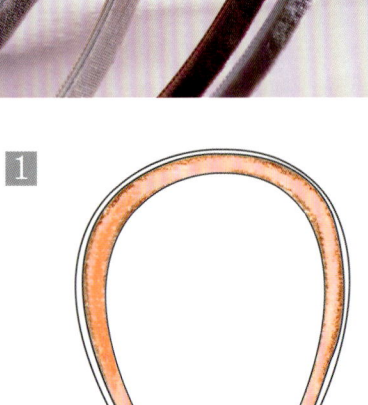

h·o·w·t·o

◀ 곡선 핀대를 이용한 헤어밴드

1 핀대에 양면 테잎을 붙인다.

2 양면 테잎을 붙인 핀대에 로프(리본)를 밀리지 않게 촘촘히 감아 색깔에 맞는 골지 리본으로 마무리 한다.

▶ 직선핀대를 이용한 헤어밴드

1 너비에 맞는 양면 테잎을 핀대 겉면에 붙인다.

2 겉면에 리본을 붙인다음 마무리 한다.

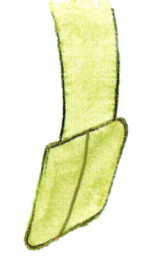

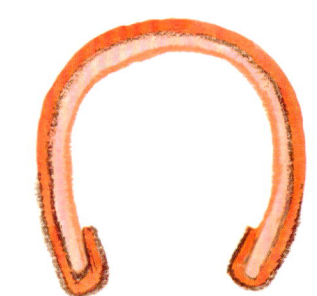

* 헤어핀 만드는 방법은...

리본 보우를 접는 방법에 따라 헤어핀의 모양은 여러 형태로 바뀔 수 있다. 좀더 깔끔하고 균일한 모양으로 보우를 만든 다음 헤어핀 대 위에 고정하면 완성. 시즌에 맞는 다양한 액세서리를 이용하여 센스를 더해보는 것도 좋은 방법이다. 여기서는 같은 헤어핀과 같은 방법으로 모양을 내고 핀대가 아닌 밴드에 연결해 보았다.

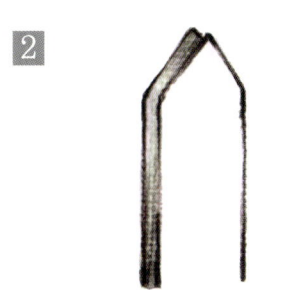

1

2

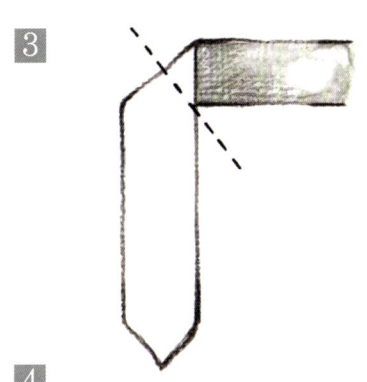

3

4

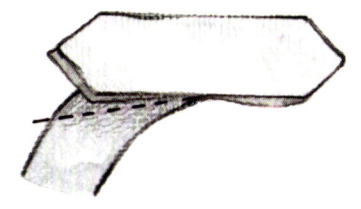

Point !

√ 하나
리본을 고를 때는 원하는 전체 크기를 설정하고 리본의 굵기와 색상을 정하는 것이 좋다. 보우를 접었을 때 리본 너비에 비해 너무 크거나 작으면 투박해 보일 수 있으니 주의 한다.

√ 둘
리본을 조각 내어 사용하는 것일수록 끝선 처리는 중요하다. 재질은 리본을 잘랐을 때 올이 풀리지 않는 것이 좋고 여러 번 겹쳐서 모양이 투박하지 않도록 마감선은 깔끔한 것이 좋다.

h·o·w·t·o

1 헤어밴드의 크기를 정한 다음 크기에 맞는 리본의 굵기를 정하고 그림과 같이 어슷하게 꺾는다.

2 꺾은 모양을 그대로 반으로 접어 리본의 모양이 삼각형으로 뾰족하게 되도록 겹친다.

3 반대편도 같은 모양으로 만든다.

4 적당한 크기에서 리본을 자르고 리본의 처음과 끝은 양면 테잎으로 고정시킨다.

5 모양은 같으나 크기는 약간 큰 리본을 2개 더 만들고 가운데에 주름을 잡는다.

6 다른 리본을 이용하여 주름을 고정한다.

7 고정하기 전에 헤어밴드와 함께 연결시킨다.

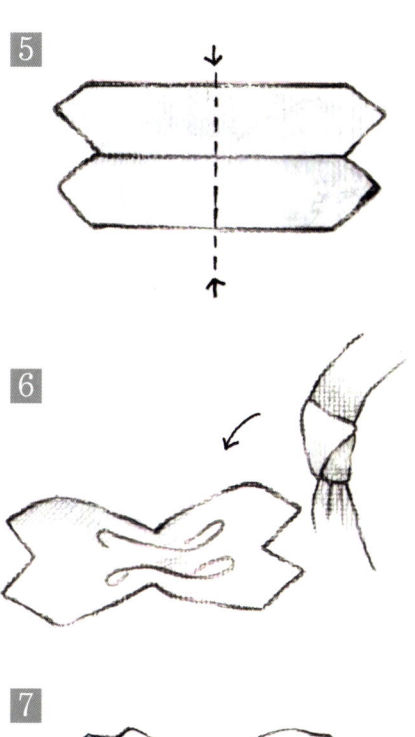

N·O·T·E·B·O·O·K

노트북은 예쁘게 포장할 선물들을 미리 설계해 볼 수 있는 공간입니다. 포장하기전 생각 나는 반짝 아이디어들, 꼼꼼하게 적어보세요.

N·O·T·E·B·O·O·K

노트북은 예쁘게 포장할 선물들을 미리 설계해 볼 수 있는 공간입니다. 포장하기전 생각 나는 반짝 아이디어들, 꼼꼼하게 적어보세요.